Erich Munz

# ÜberSetzungen

Erich Munz

# ÜberSetzungen

## Neunzehn Predigten

Fromm Verlag

**Impressum/Imprint (nur für Deutschland/ only for Germany)**
Bibliografische Information der Deutschen Nationalbibliothek: Die Deutsche Nationalbibliothek verzeichnet diese Publikation in der Deutschen Nationalbibliografie; detaillierte bibliografische Daten sind im Internet über http://dnb.d-nb.de abrufbar.


Contact:
International Book Market Service Ltd., 17 Rue Meldrum, Beau Bassin, 1713-01 Mauritius
Website: www.bookmarketservice.com
Email: info@bookmarketservice.com

Gedruckt in: USA, UK, Deutschland. Dieses Buch wurde nicht in Mauritius produziert.

**Imprint (only for USA, GB)**
Bibliographic information published by the Deutsche Nationalbibliothek: The Deutsche Nationalbibliothek lists this publication in the Deutsche Nationalbibliografie; detailed bibliographic data are available in the Internet at http://dnb.d-nb.de.


Contact:
International Book Market Service Ltd., 17 Rue Meldrum, Beau Bassin, 1713-01 Mauritius
Website: www.bookmarketservice.com
Email: info@bookmarketservice.com



Printed in: U.S.A., U.K., Germany. This book was not produced in Mauritius.

**ISBN: 978-3-8416-0077-6**

## Inhaltverzeichnis

*1 Aber die Schlange war listiger als alle Tiere auf dem Felde, die Gott der HERR*
*gemacht hatte, und sprach zu der Frau: Ja, sollte Gott gesagt haben: Ihr sollt nicht*
*essen von allen Bäumen im Garten? 2 Da sprach die Frau zu der Schlange: Wir essen*
*von den Früchten der Bäume im Garten; 3 aber von den Früchten des Baumes mitten*
*im Garten hat Gott gesagt: Esset nicht davon, rühret sie auch nicht an, dass ihr nicht*
*sterbet! 4 Da sprach die Schlange zur Frau: Ihr werdet keineswegs des Todes*
*sterben, 5 sondern Gott weiß: an dem Tage, da ihr davon esst, werden eure Augen*
*aufgetan, und ihr werdet sein wie Gott und wissen, was gut und böse ist. 6 Und die*
*Frau sah, dass von dem Baum gut zu essen wäre und dass er eine Lust für die Augen*
*wäre und verlockend, weil er klug machte. Und sie nahm von der Frucht und aß und*
*gab ihrem Mann, der bei ihr war, auch davon und er aß.*

*7 Da wurden ihnen beiden die Augen aufgetan und sie wurden gewahr, dass sie nackt*
*waren, und flochten Feigenblätter zusammen und machten sich Schurze.*

*8 Und sie hörten Gott den HERRN, wie er im Garten ging, als der Tag kühl geworden*
*war. Und Adam versteckte sich mit seiner Frau vor dem Angesicht Gottes des HERRN*
*unter den Bäumen im Garten. 9 Und Gott der HERR rief Adam und sprach zu ihm: Wo*
*bist du? 10 Und er sprach: Ich hörte dich im Garten und fürchtete mich; denn ich bin*
*nackt, darum versteckte ich mich. 11 Und er sprach: Wer hat dir gesagt, dass du nackt*
*bist? Hast du etwa gegessen von dem Baum, von dem ich dir gebot, du solltest nicht*
*davon essen?*

*12 Da sprach Adam: Die Frau, die du mir zugesellt hast, gab mir von dem Baum und*
*ich aß. 13 Da sprach Gott der HERR zur Frau: Warum hast du das getan? Die Frau*
*sprach: Die Schlange betrog mich, sodass ich aß. 14 Da sprach Gott der HERR zu der*
*Schlange: Weil du das getan hast, seist du verflucht, verstoßen aus allem Vieh und*
*allen Tieren auf dem Felde. Auf deinem Bauche sollst du kriechen und Erde fressen*
*dein Leben lang. 15 Und ich will Feindschaft setzen zwischen dir und der Frau und*
*zwischen deinem Nachkommen und ihrem Nachkommen; der soll dir den Kopf*
*zertreten, und du wirst ihn in die Ferse stechen. 16 Und zur Frau sprach er: Ich will dir*
*viel Mühsal schaffen, wenn du schwanger wirst; unter Mühen sollst du Kinder gebären.*
*Und dein Verlangen soll nach deinem Mann sein, aber er soll dein Herr sein.*

*17 Und zum Mann sprach er: Weil du gehorcht hast der Stimme deiner Frau und gegessen von dem Baum, von dem ich dir gebot und sprach: Du sollst nicht davon essen -, verflucht sei der Acker um deinetwillen! Mit Mühsal sollst du dich von ihm nähren dein Leben lang. 18 Dornen und Disteln soll er dir tragen, und du sollst das Kraut auf dem Felde essen. 19 Im Schweiße deines Angesichts sollst du dein Brot essen, bis du wieder zu Erde werdest, davon du genommen bist. Denn du bist Erde und sollst zu Erde werden. 20 Und Adam nannte seine Frau Eva; denn sie wurde die Mutter aller, die da leben. 21 Und Gott der HERR machte Adam und seiner Frau Röcke von Fellen und zog sie ihnen an. 22 Und Gott der HERR sprach: Siehe, der Mensch ist geworden wie unsereiner und weiß, was gut und böse ist. Nun aber, dass er nur nicht ausstrecke seine Hand und breche auch von dem Baum des Lebens und esse und lebe ewiglich! 23 Da wies ihn Gott der HERR aus dem Garten Eden, dass er die Erde bebaute, von der er genommen war. 24 Und er trieb den Menschen hinaus und ließ lagern vor dem Garten Eden die Cherubim mit dem flammenden, blitzenden Schwert, zu bewachen den Weg zu dem Baum des Lebens.*

Liebe Gemeinde!

Restlos aufgeklärt wurde dieser Fall nie. Noch immer beschäftigt er die Menschen und die Gesellschaft. Die Kunst und Kultur, Ärzte und Psychologen, Politiker und Theologen sind vom Motiv dieser Tat bewegt: Illegales Aneignen von Wissen, Plagiate, Raub geistigen Eigentums, unerlaubtes Einmischen in fremde Angelegenheiten, Landesfriedensbruch. Die Liste der Vergehen ist lang.

Ungeklärte Fragen schweben über diesem Fall. Im wahrsten Sinn des Wortes ein „Fall." Der „Sündenfall," so ist dieses Kapitel in der Bibel überschrieben. Er will erklären, warum der Mensch so ist, wie er ist. Weshalb er auf die schiefe Bahn gekommen ist. So jedenfalls steht die Aktenlage ganz am Anfang der Bibel.

Ein Fall, der immer noch zu denken gibt. Der mir zu schaffen macht, der uns zu schaffen macht, unseren Familien und Freunden, unseren Nachbarn und den unzähligen Menschen auf dieser Erde. So sieht der Anfang der Menschheit aus. Kaum hat der Mensch das Laufen gelernt, steht er vor einem tödlichen Abgrund.

Kaum hat dieses Wesen das Denken gelernt, bringt es alles durcheinander. Kaum ist er in die gute Schöpfung freigelassen, verursacht er ein Chaos sondergleichen. Mit der Vielfalt der Arten in der Schöpfung, hat sich auch eine besondere Spezies eingeschlichen. Solche, die sich für besonders klug und listenreich halten. Solche, die einfach „ganz oben" sein wollen. In der Gestalt einer Schlange kommt diese Art daher. Es gibt Zeitgenossen, die halten sich Schlangen als Haustiere. Aber den meisten wird wohl ein Schauer über den Rücken laufen, wenn sie sich in der Nähe einer Schlange vorstellen. Das Verborgene, die Unberechenbarkeit, das soll wohl mit diesem Tier ausgedrückt werden. Das Böse kommt rätselhaft in anderer Gestalt daher. Einfühlsam kommt sie daher. Sie ruft nicht offen zur Rebellion auf. „Ja, sollte Gott gesagt haben: Ihr sollt nicht essen von allen Bäumen im Garten?" Das ist die Strategie der Verführung.

Es wird etwas sanft in Frage gestellt. Der Mensch wird nicht gewaltsam überrumpelt. Noch ist er Herr der Dinge, noch hat er die Verantwortung in der Hand. In der Frage der Schlange ist schon die erste Fälschung versteckt: Von *keinem* Baum dürft ihr essen. Das stimmt ja nicht. Nur der *eine* Baum der Erkenntnis ist tabu und verboten. (2,16) Das stellt die Frau richtig und ist schon mitten in der Diskussion mit dem Bösen. Nur noch ein Schritt vom Gesetzesbruch entfernt. „Wenn wir davon essen, werden wir sterben," die Frau redet munter weiter. Vielleicht hat sie sonst keinen, mit dem sie reden kann. Nun fällt die Maske der Anteilnahme. Das Böse spielt sich als der Besserwisser auf. „Gott weiß wohl, dass ihr nicht sterben werdet."

Er ist nur neidisch und gönnt euch nichts. Ganz klein am Boden will er euch halten. Nicht aufmucken dürft ihr. Dabei habt ihr so viele tolle Möglichkeiten im Leben. Wahrscheinlich fürchtet Er eure Konkurrenz, darum dieses unsinnige Verbot.

Achtet nicht auf IHN und eure Lebensqualität wird steigen. Ihr werdet selber göttliche Wesen sein. Hören wir da nicht die modere Religion: Ich habe meinen Gott *in mir*, was brauch ich einen Gott *außerhalb*?

Vom Glauben zum Vertrauensbruch ist es oft nur ein kleiner Schritt. Ein verlockendes Angebot. Die Frau greift zu. Aber was bekommt sie eigentlich geboten?

Ein Apfel war es sicher nicht. Der ist erst später auf Malereien dazu gekommen. Allerdings wäre mit dem Apfel bewiesen, dass die ersten Menschen mit Sicherheit keine Schwaben waren. Sie hätten aus den Äpfeln sicher einen guten Most gemacht.

Dieses Versprechen „ihr werdet gut und böse unterscheiden können,“ hört sich ja nicht schlecht an. Viele haben das ja verlernt. Doch es geht nicht um das moralische „Gut und böse.“ Dieses „Erkennen“ meint mehr als „klug sein und intelligent.“
Es geht in die Richtung, dass der Mensch sagt: Gott, ich brauch´ dich nicht mehr. Ich kann auf eigenen Füßen stehen.
So wie dieser junge Mensch, von dem Jesus berichtet: „Vater, gib mir meine Gaben...ich will mein Leben verwirklichen....du bist mir nur ein Hindernis.“
Das wird der Frau eingeflüstert: Du wirst selber entscheiden, was gut und heilsam für dich ist. Du brauchst keinen „Fürsorger von oben,“ du kannst für dich selber sorgen. Du entscheidest für dich ganz allein. Der autonome Mensch, der sich selbst das Gesetz des Lebens gibt. Das Gesetz des Marktes. Wie können wir den Gewinn steigern? Das Gesetz des Genießens. Wie können wir aus unserem Leben ein Luxus-Erlebnis machen? Das Gesetz der Schönheit und Ästhetik. Wie können wir aus unserem Leben eine Wellness-Tour machen?

Die Hybris, die maßlose Überheblichkeit des Menschen. Sie hat viele Opfer auf dem Gewissen. Kriege, wirtschaftliche Pleiten, heimatlose Menschen, gebrochene Herzen, verlorene Seelen. Der „Sündenfall“ – die Geburtsstunde des „selbstherrlichen“ Menschen. Er will nicht, dass Gott über ihn bestimmt und herrscht.

Ein Gedicht aus unserer Zeit beschreibt diesen Gedanken:
*Wir lassen nicht mehr einen Herrn sich über uns erheben.*
*Hoch über uns soll Stern an Stern am nächtgen Himmel schweben.*

*Zu Ende ist geträumt ein alter Traum,*
*die alten Götter schweigen.*
*Unendlichkeit –gottleerer Raum-,*
*den wir im Flug ersteigen.*

*Erhoben von der eignen Kraft sei über uns und oben*
*der Mensch- der neu die Welt erschafft.*
*Den Schöpfer lasst uns loben.* *(Joh. R. Becher 1891-1958)*

Eine „gottleere," eine „Gott-lose" Einstellung, die sich selber zum Schöpfer aller Dinge macht. Doch der Mensch kann sich seine letzten Fragen nicht selber beantworten. Ohne Gott ist der Mensch dem Menschen überlassen.
Das erkennen auch die Menschen in unserem Text. Es passiert, es erfüllt sich, was die Schlange versprochen hat: Die Augen gehen ihnen auf. Eine Apokalypse der ersten Stunde. Es wird offenbar, was der Mensch wirklich ist. Keine Spur von „göttergleich." Sie sehen sich in ihrer ganzen Trostlosigkeit und Erbärmlichkeit. „Nackt" und schutzlos wie auf einem Sterbelager. Sie haben eine Schamgrenze überschritten und ihr Innerstes ist zerrissen.

Die Beziehung zum Schöpfer gestört. Sie hören nicht mehr seine freundliche Stimme. Sie erschrecken vor der Stimme Gottes. Aus der Gottesfurcht wird nun eine Heidenangst. Sie können IHM nicht mehr entgegenlaufen, sie verstecken und verkriechen sich. Der Griff nach den Sternen endet im Dickicht der Angst.
Der Mensch versteckt sich, weil er „nackt" ist. Ohne jeden Schutz, ohne jede Bekleidung und Verkleidung. Nichts, mit dem er beeindrucken könnte. Nichts, hinter dem er sich verstecken könnte. Nichts, womit er etwas vormachen könnte. Allein auf sich gestellt.
Wo bist Du Adam? Wo bist du Mensch? Mit dieser Frage, diesem Ruf hat Gott einen Präzedenzfall geschaffen. Also einen Musterfall, ein Musterbeispiel dafür, wie Er die Menschen fragt und sucht. In jedem Kapitel der Bibel, in jeder Geschichte, jedem Bericht ist dieser Ruf drin: Wo bist du Mensch?
Der Mensch baut seine Verteidigung auf. Der andere ist schuld. Die Verantwortung wird abgeschoben. Das Weib, das *du* mir zugesellt hast. Letzten Endes ist Gott selber schuld, wenn er uns mit solchen Freiheiten ausgestattet hat. Gott soll für sein „Produkt" auch haften.
Nein, die Schlange ist schuld. Das Böse hat die Verantwortung. Und der Ersttäter wird auch zuerst bestraft. Anstifter und Mittäter, da wird schon unterschieden. Auf dem Boden soll sie kriechen. Und es wäre mehr als mühsam, wenn wir jetzt fragen, ob die Schlange vielleicht Beine hatte. Es hat mehr den Sinn: Wer sich zu weit nach oben wagt, wird auf den Boden fallen. Wer sich am Himmel vergreift, wird im Staub kriechen. Die Schlange wird zum Sinnbild der Feindschaft.

Vielleicht weil sie aus dem Hinterhalt operiert und blitzschnell zuschlägt. So wie das Böse sich nicht als das Böse ankündigt, sonder sehr freundlich daher kommen kann. Eine Feindschaft, die nicht nur die ersten Gesetzesübertreter trifft. Es ist ein Überlebenskampf auch der Nachkommen.

Da wurde ein böser Stein ins Rollen gebracht. Das „Gute der Schöpfung" hat einen tiefen Riss und irreparable Schäden bekommen. Der Mensch stellt sich selber ins Abseits, geht freiwillig in die Isolation. Er hat sein Ziel verfehlt. Und das meint das Wort „Sünde:" Einer, der danebenschießt. Vorbei am Ziel. Der Mensch, der in sich selber gefangen ist, der sich um sich selber dreht. Der vor sich hinmurmelt, anstatt mit Gott zu reden. Doch der rebellische Mensch, der Deserteur und Davon-gelaufene. Er wird nicht verflucht. Der Fluch trifft nur die Schlange. Doch der Mensch bekommt einige Auflagen. Etwas, das sein Leben belastet und mühsam macht.

Es ist ja nicht nur der Vorgang der Geburt gemeint. Und auch eine „sanfte Geburt" kann nicht darüber hinweg täuschen, dass das ganze Leben unter körperlichen und seelischen Schmerzen stattfinden kann.

Den Mann trifft der Frust der Arbeit, die Härte des Alltags. Der Schreiber hat echte Landarbeit vor Augen. Ein steiniger Acker, auf dem man sich bücken und mühen muss. Aber auch das moderne Management, wo Maschinen Menschen ersetzen und Geld mit Aktien verdient wird, kann nicht darüber hinweg täuschen, dass das Arbeitsleben Anstrengung, Schweiß und Mühe kostet. Vielleicht ist nur der Abstand größer geworden zwischen denen, die sich mühen und denen, die von der Mühe der Anderen satte Gewinnen verzeichnen.

Der Ackerboden, die Lebensgrundlage der Menschen wird ins Gegenteil verkehrt. Das Leben kommt aus dem Gleichgewicht. Steine und Hindernisse, die aufhalten und uns das Leben oft schwer machen.

Der Text hat nun das Ende im Blick: „.....bis du wieder zu Erde wirst, davon du genommen bist. Denn Erde bist du und Erde sollst zu werden. Das Leben bekommt den Tod in den Blick. Wir werden geboren, um zu sterben. Dieser Gedanke könnte in eine düstere Depression führen. Warum dann überhaupt noch etwas tun?

Warum nicht die Hände in den Schoß legen und auf das Ende warten? Erinnern wir uns an den Auftrag, den Gott seinen Menschen mitgegeben hat: Die Welt gestalten und bewegen. Unsere Welt ist keine Wohlfühlanstalt.

Die Welt um uns herum gestalten. Menschen den Weg ins Leben zeigen.
Eine kleine Beobachtung noch: Der Griff nach dem Baum wird unter Todesstrafe gestellt „.....den sobald du davon issest, musst du sterben.“ (2,17; 3,3) Doch das Todesurteil wird nicht vollstreckt.
Man kann darüber spekulieren, ob der Mensch vorher unsterblich war und dass erst mit diesem Fehlgriff der Mensch zum sterblichen Wesen wurde. Die andere Erklärung scheint einleuchtender: Gott nimmt die Todesstrafe zurück und verwandelt sie sozusagen in „Lebenslänglich.“ Lebenslänglich mit dem Ziel der Rehabilitierung, mit der Wiedereingliederung in die Gottes-Beziehung. Lebenslänglich unter dem Ruf: Mensch – wo bist du?

Unsere Akte „Menschheit“ schließt –fürs Erste- mit einer Ausbürgerung aus dem Paradies. Der Mensch „Jenseits von Eden.“ Vor 55 Jahren kam der Film „Jenseits von Eden“ in die Kinos. Er schildert die Geschichte eines Sohnes, der mit seinem Vater nicht zurechtkommt. Der rebelliert, lehnt sich auf, stört die Harmonie, wird zum Außenseiter. Doch im Grunde genommen ist er auf der Suche nach Liebe und Anerkennung.
Könnte das nicht der Mensch sein, der sich still und schweigend von seinem Schöpfer distanziert? Könnten das nicht *wir* sein? Dass wir die Tiefe des Lebens und des Glaubens suchen und doch nur oberflächlich dahin leben? Dass wir Gnade und Güte suchen, Liebe und Anerkennung und uns doch immer wieder selbst behaupten und beweisen müssen?
Nein, Gott hat keinen Schlussstrich gezogen. ER hat ihn nicht dem ewigen Vergessen ausgesetzt. Er hat ihm den Lebensatem gelassen. Den Atem des Ewigen. Damit wir singen und sagen können: Herr, wir preisen deine Werke!

AMEN

*15 Da redete Gott mit Noah und sprach: 16 Geh aus der Arche, du und deine Frau, deine Söhne und die Frauen deiner Söhne mit dir. 17 Alles Getier, ...das gehe heraus mit dir, dass sie sich regen auf Erden und fruchtbar seien und sich mehren auf Erden. 18 So ging Noah heraus mit seinen Söhnen und mit seiner Frau und den Frauen seiner Söhne, 19 dazu alle ..Tiere, 20 Noah aber baute dem HERRN einen Altar und nahm von allem reinen Vieh und von allen reinen Vögeln und opferte Brandopfer auf dem Altar. 21 Und der HERR roch den lieblichen Geruch und sprach in seinem Herzen: Ich will hinfort nicht mehr die Erde verfluchen um der Menschen willen; denn das Dichten und Trachten des menschlichen Herzens ist böse von Jugend auf. Und ich will hinfort nicht mehr schlagen alles, was da lebt, wie ich getan habe. 22 Solange die Erde steht, soll nicht aufhören Saat und Ernte, Frost und Hitze, Sommer und Winter, Tag und Nacht.*

Liebe Gemeinde!
Die „Vier Jahreszeiten", das ist ein wohlklingender Name. Vornehme Restaurants und Hotels nennen sich so. Beim Italiener bestellt man sich eine „Pizza Quattro stazioni" In Gedichten werden diese vier Jahreszeiten mit ihren jeweiligen Eigenarten beschreiben. Ein Vivaldi hat sie musikalisch umgesetzt und die Empfindungen, die Atmosphäre im Frühling, Sommer, Herbst und Winter in Tönen und Klangfarben nachempfunden. Die „vier Jahreszeiten" sind beliebte Motive für Bilder. Ein-und-dasselbe Betrachtungsobjekt, ein Haus, eine Landschaft wird viermal dargestellt.
Mit blühenden Kirschbäumen, einer strahlenden Sonne, in bunten Herbstfarben und im Winter in einem weißen Kleid. Die „vier Jahreszeiten im Leben" gibt es. Es wird also hochgerechnet und die vier Jahreszeiten werden dann zu vier Lebens-abschnitten. Früher sagte man, dass einer in „jungen Lenzen" -also im Frühling seines Lebens ist- oder dann im „Herbst des Lebens" sich im Ruhestand erholen kann. Was ist so interessant an diesen „vier Jahreszeiten?" Man kann ja ganz gut erklären, wie die vier Viertel zustande kommen. Sie stellen wie ein Kreis eine „runde Sache" dar. Man spricht ja auch von einem „Jahreskreis." Eine sinnvolle Ordnung und beständige Wiederkehr.

Der Wechsel von *Werden, Sein* und *Vergehen.* Eine natürliche Ordnung. Gottes Ordnung in der Natur. Oder gar ein Zeichen, eine Spur Gottes in der Natur? Ein jeder Tag auch jede Nacht ein Beispiel für Gottes Schöpfung. Und das Jahr ein Zeichen für Gottes Ewigkeit.
Unser Bibeltext bleibt nicht bei einer Naturbetrachtung stehen. Er will uns auch nicht zu Naturverehrern machen. Die Beschreibung von Sommer und Winter, Frost und Hitze, Tag und Nacht ist ja nur ein Zeichen, ein Medium, ein Mittel. Diese „vier Jahreszeiten" wollen nur das illustrieren, was vorher gesagt wird: *„Ich will.. die Erde nicht mehr verfluchen...nicht mehr schlagen, was lebt."*
Unserm Text voraus geht ja die Sintflutgeschichte. Alles Lebendige wird in der Urflut zerstört. In einer chaotischen Katastrophe geht alles zugrunde. Außer jenen in der Arche des Noah. Gott macht seine eigene Kreation, seine eigene Schöpfung zunichte. So wie Menschen etwas an die Wand knallen oder auf den Boden werfen, wenn es nicht klappt.
*„...da reute es den Herrn, dass er den Menschen geschaffen hatte....(Gen6,6)*
Gott sind die Menschen lästig geworden. Er will sie nicht mehr haben. Sind sie das missglückte Wagnis eines guten Versuches? Gott wollte diesen Menschen als Gegenüber, als einen Freund neben sich, der sich um seine Schöpfung kümmert und auf IHN hört.
Hat er zu viel vom Menschen erwartet? War dem Menschen diese freiheitliche Grundordnung doch zu viel? Wurde dem Menschen zu viel Bewegungsfreiheit und Selbstentfaltung eingeräumt? Hätte Gott ihn mehr an der kurzen Leine führen sollen?

„Wenn es so nicht geht, dann eben anders." Als ob Eltern reden, denen der Geduldsfaden gerissen ist. „Das Dichten und Trachten ihrer Herzen ist die ganze Zeit böse." So das vernichtende Urteil über die Menschen. Darum soll niemand mehr von ihnen reden. Das Unheil bricht herein. Ein Schreiber des A.T. schildert das so: *„Die Brunnen der großen Tiefe brechen auf, die Feste des Himmels öffnen sich."* (1. Mose 7,11).
Alles bricht zusammen. Der Mensch verliert sich. Hoffnungen, Träume, Sicherheiten und Gewohnheiten werden auf den Kopf gestellt. Wer Halt hatte, wird haltlos. Das Unheil der Unordnung bricht herein. Das Normale wird zum Bedrückenden. Das Gewohnte wird zum Bedrohlichen. Gott hat „dahingegeben" (Römerbrief).

Der Schöpfer hat sein JA zur Schöpfung zurückgenommen. Der Mensch wollte sich selbst verwirklichen, nun ist er sich selbst überlassen. Allein auf sich gestellt. Ohne Halt, ohne Boden unter den Füßen, ohne Gottes tragende Nähe wird er verzweifeln. Das Geschöpf Mensch ist sich selbst und ist den anderen hilflos und schutzlos ausgeliefert, wenn es keine Verantwortung vor Gott mehr gibt.
Gott setzt einen neuen Anfang. Es wird geschildert, wie die Menschen und Tiere die Arche verlassen. Das hat starke Ähnlichkeit mit dem Schöpfungsbericht einige Kapitel vorher. Eine neue Schöpfung geschieht. Sie sind die ersten Freigelassenen der Neuen Schöpfung. Der neuen Kreatur.
Als Noah seine Beine auf trockenes Land setzt und er wieder festen Boden unter den Füßen hat, bringt er -bevor er sich tatkräftig an den Wiederaufbau macht- zuerst ein Opfer. Ein Dankopfer. Dass Gott sich nun von diesem, wie es hier steht, „lieblichen Duft“ beeindrucken lässt, hört sich doch etwas vereinfacht an. Ich denke nicht, dass Gott sich von menschlichen Opfern bestechen lässt.
*Die besten Güter sind unsre Gemüter; dankbare Lieder sind Weihrauch und Widder, an welchen er sich am meisten ergötzt,* so schreibt es Paul Gerhardt (EG 449.3)
Es kommt also nicht auf die äußere Handlung an. Die innere Haltung ist gefragt.
Warum sollte dieses Opfer Gottes Pläne ändern? Warum sollte er vom Menschen plötzlich so beeindruckt und angetan sein, dass er ihn freilässt? Ihm noch einmal die Freiheit gibt? *„Ich will hinfort nicht mehr verfluchen....nicht mehr schlagen, was da lebt.“* Das ist Gottes Zusage für einen Neuanfang. Der Schöpfer hält an seiner Schöpfung fest, obwohl er von den Menschen verlassen wird. ER bleibt treu, obwohl er im Stich gelassen wird.

Die Begründung, *warum* er den Menschen verschonen will, hört sich unlogisch an. Es wird nichts anderes festgestellt wie vorher. Nämlich: *„Das Dichten und Trachten des menschlichen Herzens ist böse von Jugend auf.“* Was aber *vor* Noah zu einer Verurteilung führte, das wird nun zum Freispruch. Gott verschont, obwohl alles dagegen spricht. Das klingt paradox. So wie z.B. ein viereckiger Kreis. Gott stellt die Dinge auf den Kopf, wenn es um den Menschen geht. Oder findet er sich damit ab, dass der Mensch „nun mal so ist, wie er ist?“ Warum korrigiert er nicht? Und ist das nicht ein sehr hartes Urteil, dass der Mensch „von Grund auf böse und verdorben ist?“

Das bedeutet, dass er nicht böse gemacht wurde durch schlechte Verhältnisse und miserable Umstände, sondern er *ist* so in seiner Veranlagung, radikal -von der Wurzel her-. Dass nicht ein „guter Kern" in ihm schlummert, sondern ein zerstörerisches, ein aggressives Verhalten. In der Verhaltenslehre gibt es die Ansicht, dass der Mensch „aktiv-destruktiv" ist, also auf Zerstörung ausgerichtet ist. Dass bösartige Aggression, Todestrieb und Zerstörung jederzeit durchbrechen kann.
Und wie diese Zerstörungskräfte und Angriffe durchbrechen können, wird uns jeden Tag vor Augen geführt. Da wird gezeigt, wie zersetzend, zerstörend dieses Geschöpf sein kann. Rücksichtslose Bereicherung, mitleidloser Egoismus, Gewalt, verantwortungsloser Umgang.
Findet Gott sich mit diesem Menschen ab? Oder lässt er den Dingen eben ihren Lauf? Ist die Welt und ihre Menschen dem Schicksal überlassen? Das wäre eine Schöpfung, die „nachlässt", die sich irgendwann von selbst erledigt, die sich zu Tode läuft und eines Tages auf dem Müllhaufen der Geschichte enden wird.
Doch hier wird ja gesagt, dass Gott noch einmal aktiv wird. Dass ER eingreift in die Geschichte und Geschicke der Menschen. Toleriert er dieses Verhalten? Erträgt Er dieses So-Sein des Menschen? Im wahrsten Sinn des Wortes „toleriert" er. Erträgt und duldet er diesen arroganten, den orientierungslosen und hilflosen Menschen. Er trägt und duldet, er leidet unter der maßlosen Grenzenlosigkeit und anmaßenden Selbstüberschätzung seiner Geschöpfe. Gott wird -so heißt es im Text genau-: *„die Erde nicht mehr als verflucht betrachten."* Der Vollzug ist ausgesetzt. *„Solange die Erde steht soll nicht aufhören..."*. Es wird ein zeitlicher Rahmen festgelegt. Es gibt keinen Freibrief, keine Verschleißgarantie auf die Erde für alle Ewigkeit. Ein zeitliches Limit ist festgesetzt. Eine begrenzte Erhaltungszusage.
In der Bibel ist oft die Rede davon, dass es ein Ende haben wird mit dieser Welt. Es gibt ein Ende aller Zeiten. Was auf den *ersten Seiten* der Bibel als gute Schöpfung beschrieben wird, ist am kaputtgehen. Eine Schöpfung, die zuende geht und zum endgültigen Ziel kommt. Auf den *letzten Seiten* der Bibel beschreibt die Offenbarung den Neuen Himmel und die Neue Erde. Die ewige Stadt, die ewige Wohnung und Gegenwart Gottes. Was *jetzt* ist, das ist „dazwischen". Eine vorübergehende Zeit und vorläufige Ordnung. Es ist nichts End-gültiges, wie es auf der Erde und wie das mit den Menschen ist.

Paulus beschreibt das so: *„Alle Kreatur, Mensch und Tier, ja die ganze Schöpfung seufzt und ängstigt sich unter dem, was ist. Sie ist unterwegs nach vorne und hofft auf Erlösung."* (Römer 8,19ff). Das Geschaffene steht unter dem Zeichen der Vergänglichkeit und der Vorläufigkeit.

Gottes Geschichte ist mit den „vier Jahreszeiten" und dem Regenbogen nicht zu Ende. Er hat seine Menschen nicht in eine Welt geschickt, die unweigerlich dem Chaos und Ende entgegengeht. Gott schreibt seine Geschichte weiter. Über die Welt hinaus. Über das hinaus, was uns Angst und Not macht.

Im Römerbrief wird vom „neuen Menschen" gesprochen. Damit ist nicht ein verbessertes und vollkommenes Modell Mensch gemeint. Es ist Jesus Christus, der den verlorenen Menschen Gott zurückbringt. In IHM dürfen wir neu werden. Durch IHN darf unser Leben beständig sein. ER ist der Neuanfang Gottes.

So dürfen wir Raum haben in einer begrenzten Welt. Raum für Gottes Nähe. Zeit haben in einer vorläufigen Welt. Zeit haben von Gottes Ewigkeit. So dürfen wir vertrauen auf Jesus Christus, dem Anfänger und Vollender. Seine Worte gelten.

ER ist der Letzte und Endgültige.

AMEN

zum Jahresfest der Stiftung Lichtenstern in Löwenstein

*„Siehe, ich will ein Neues schaffen, jetzt wächst es auf, erkennt ihr´ s denn nicht?“* (Jesaja 43,19a)

Als ich die Aufgabe bekommen habe, am Jahresfest über die Jahreslosung zu predigen, habe ich das so gedeutet: Ich solle etwas Neues oder *über* etwas Neues predigen. Soll ich also über Aktuelles reden oder über die Mode und Trends der Gesellschaft sprechen? Bei beidem wäre ich überfordert. Denn ich bin weder Gesellschaftskritiker noch Zukunftsforscher.

Naja, so neu ist die Jahreslosung auch nicht mehr. Wie kann man mitten im Jahr über die Jahreslosung predigen? Das meiste wurde doch schon im Januar gesagt.

Und überhaupt: Was ist schon neu? „Neu?,“ fragt die Frau und hält ein Kleidungsstück hoch. „Nein, nur frisch gewaschen,“ sagt die freundliche Dame der Waschmittelwerbung. Ich weiß nicht, wer diesen Werbespot noch kennt. Er zeigt: Wir können nicht ständig Neues kaufen und den neuesten Modetrend ausführen. Und wie sagte schon Oscar Wilde (1854-1900): „Die Mode ist so hässlich, dass wir sie alle Halbjahre ändern müssen.“ Mode und Design, Form und Funktion werden ständig geändert und erneuert, denn „neu“ heißt oft: Neue Käuferschichten finden.

Ja, was ist oder war wirklich neu? Vielleicht die Erfindung des Rades. Eine bahnbrechende Innovation. Dann kam das Zweirad und der Allradantrieb. Aber wir können ja nicht ständig das Rad neu erfinden oder das Rad der Geschichte zurückdrehen. Was also ist wirklich neu? Manchmal streiten sich Gerichte darüber, wie alt ein Fahrzeug sein darf, damit es als neu gilt. Es steht auf der Halde der Händler, hat wenig Kilometer, aber schon ein paar Monate auf dem Buckel.

Und so möchte ich fragen: Wie alt darf eine Jahreslosung sein, wie viel Erfahrung darf sie auf dem Buckel haben, damit so noch als neu gilt? Und bedenken wir: Eine Jahreslosung ist ja nicht nur eine Jahres*anfangs*losung. *„Siehe, ich will ein Neues schaffen, jetzt wächst es auf, erkennt ihr´ s denn nicht?“* (Jesaja 43,19a)

Darum predige ich nichts Neues, ich spreche über Altes. So wie es dieser Mensch Jesaja getan hat. Er spricht vom Wort des lebendigen Gottes.

Und was hat dieses Wort alles durchgemacht: Es wurde restauriert und renoviert, es hat Kratzer, Macken und Dellen bekommen. An diesem Wort wurde geschliffen und gefeilt. Manchmal grob und manchmal fein. Und trotzdem steht es in einem Ia Zustand da. Neu wie am ersten Tag. Auch an diesem Sonntagmorgen zum Jahresfest. Die Jahreslosung beginnt mit einer Innovation, einer grundlegenden Erneuerung vor ca. 2500 Jahren, als dieses Wort zum ersten Mal gesagt wurde.
„Tröstet, tröstet mein Volk!" So beginnt diese biblische Neuerscheinung. „In der Wüste macht eine gerade Straße unserem Gott!" Heraus aus der Gottesferne! Heraus aus der Gottesfinsternis! Das war die neue Nachricht. Das Volk durfte den Heimweg antreten. Ihre Sehnsucht nach der Heimat und ihr Vertrauen auf Gott, hat ihnen ihre Hoffnung erhalten.

Heimkehr und Heimat, das ist das neue und alte Programm, das in der Bibel oft berichtet wird. Jesus erzählt von einem verloren und davongelaufenen Menschen. Emanzipiert und autonom wollte er sein. Doch die Sehnsucht nach seinem Vater hat ihn nie losgelassen. Und so hat er das Alte neu gefunden.
Als die Auswanderer im 18. und 19. Jahrhundert ihre alte Heimat, die „alte Welt" verlassen haben, gaben sie ihren Orten und Siedlungen in der „neuen Welt" oft Namen der alten Städte und Dörfer. „Neu York" (Neu Amsterdam 1625), New Germany."
Das Neue fasziniert. Sonst hätte es die Pioniere der Zivilisation nie gegeben. Das Neue fordert heraus. Und doch haben wir unsere Wurzeln im Alten.
Und die Jahreslosung möchte uns an unsere Wurzeln erinnern. Das Kapitel, in dem diese Losung steht, beginnt mit einer Art Gedächtnistraining und Positionsbestimmung: *„Fürchte dich nicht, denn ich habe dich erlöst. Ich rufe dich bei deinem Namen. Mein bist du!" (Jes. 43,1b)*
Wir müssen also keine Pioniere in Sachen Religion sein, sondern uns nur zurück besinnen auf diesen Ruf Gottes. Wir müssen nicht den Trends, den modernen Stilrichtungen und „neuen Religion" nachlaufen. Denn so neu ist das alles nicht.
*Harmonie und Recht und Klarheit! Sympathie und Licht und Wahrheit! Niemand wird die Freiheit knebeln, niemand mehr den Geist umnebeln. Mystik wird uns Einheit schenken, und der Mensch lernt wieder denken, dank dem Wassermann, dem Wassermann."*

So hieß der Song „Aquarius“ aus dem Musical „Hair.“ Ein neues Zeitalter, „New Age“ war in den 80-er Jahren angesagt. Im Zeichen des Wassermanns sollte die Menschheit freiwerden und sich fortentwickeln. Doch so neu war das alles nicht. Diese Sucht nach *Selbst*erlösung und Transformation in die Ewigkeit ist uralt. Also: Was ist wirklich neu?

„Es gibt nichts Neues unter der Sonne!“ So stellt ein kluger Mensch im Alten Testament fest. (Prediger 1,9b) „Es gibt nichts Neues unter der Sonne!“ Dabei wusste der ganz sicher nichts von all den Erfindungen und Entdeckungen, nichts von Forschungsreisenden und erst recht nichts von Kirche und diakonischen Einrichtungen.

Dann analysiert er die Lage der Menschen: „Alles Ding müht sich ab, kein Mensch vermag es zu sagen......ich betrachtete alles Geschehen, alles was unter der Sonne geschieht: Siehe, alles ist nichtig und ein Haschen nach Wind.“ (1,8a.14)

Will er damit sagen, dass alles umsonst ist? Unsere Pläne, unsere Ziele, unsere Ideen und unser Einsatz am Ende nur frustrierend? Das könnte einem zur Lethargie erziehen, zu Trägheit und stumpfer Langeweile.

Das ist nicht Sinn der Sache. Er meint den Menschen, wie er ist; die reale und vorfindliche Welt, wie sie war, wie sie ist und wie sie ihrem Ende entgegen geht. Und hinter dieser Analyse steht die stille Aufforderung: Sieh` über die Welt hinaus! Sieh` über dich selber hinaus! Und vergess` deine Wurzeln nicht, sonst driftest und treibst du ab in den luftleeren Raum der Hoffnungslosigkeit.

Darum gibt dieser Prediger am Ende seines Buches einen guten Rat: „Gedenke an deinen Schöpfer in der Blüte deines Lebens. In der Mitte deiner Existenz vergiss deinen Gott nicht!“ Komm zurück und fang neu an!

Wir können das auch aus der Musik lernen. Bei manchen Liedern steht so ein kleiner Doppelpunkt. Wiederholen! Dasselbe noch mal. Ich spiel ja auch im Posaunenchor mit. Und manchmal finde ich erst bei der Wiederholung so richtig in die Noten und die Taktfolge hinein. Es ist gut, wenn man wiederholen kann und eine neue Chance hat.

Oder wenn am Ende des Stückes steht: da capo! Von Vorne!

Diesmal fröhlicher und freier. Ob das nicht auch was für unsere Lebensgeschichte wäre: Da Capo! Von vorne. Wir sind noch nicht am Ende.

Gott gibt noch einmal den Einsatz. ER fängt neu an mit uns. *„Siehe, ich will ein Neues schaffen, jetzt wächst es auf, erkennt ihr´ s denn nicht?"*

Neu ist nicht immer das Gegenteil von alt. Neu kann es auch sein, wenn ich das Alte neu entdecke.So wie es ein Text, ein Zeugnis aus unserer Zeit beschreibt:

*Gott, ich bin auf dich zurückgekommen, als ich sprachlos wurde. Gott, ich bin auf dich zurückgekommen, als sie mir sagten, da ist keine Rettung mehr.*

*Gott, ich bin auf dich zurückgefallen, als die Düsen aussetzten,*

*als das Triebwerk aussetzte, als mein Herz aussetzte.*

*Als kein Gleitflug mehr möglich war, als kein Fallschirm mehr aufging. Als alles aus war, da bin ich auf dich zurückgefallen. Gott, wohin sollte ich sonst fallen.*

(W. Willms, Kursbuch Religion H9, S.10 Calw 1980)

Noch sind wir Menschen, die am Alten zu tragen haben. Noch macht uns der Kreislauf zu schaffen und plagen uns Geschwüre. Und Neuigkeiten gehen uns oft auf die Nerven, weil sie uns die Ohnmacht und die zerstörende Kraft des Menschen vor Augen führen. Die Jahreslosung setzt den Contrapunkt und erhebt die Gegenstimme: *„Siehe, ich will ein Neues schaffen!"*

AMEN

*Suchet den HERRN, solange er zu finden ist; ruft ihn an, solange er nahe ist.*
*7 Der Gottlose lasse von seinem Wege und der Übeltäter von seinen Gedanken und*
*bekehre sich zum HERRN, so wird er sich seiner erbarmen, und zu unserm Gott, denn*
*bei ihm ist viel Vergebung. 8 Denn meine Gedanken sind nicht eure Gedanken, und*
*eure Wege sind nicht meine Wege, spricht der HERR,*
*9 sondern so viel der Himmel höher ist als die Erde, so sind auch meine Wege höher*
*als eure Wege und meine Gedanken als eure Gedanken. 11 Denn gleichwie der*
*Regen und Schnee vom Himmel fällt und nicht wieder dahin zurückkehrt, sondern*
*feuchtet die Erde und macht sie fruchtbar und lässt wachsen, dass sie gibt Samen zu*
*säen und Brot zu essen, 11 so soll das Wort, das aus meinem Munde geht, auch*
*sein: Es wird nicht wieder leer zu mir zurückkommen, sondern wird tun, was mir*
*gefällt, und ihm wird gelingen, wozu ich es sende.*

Liebe Gemeinde!
Was meinen Sie, wie viel Zeit wir am Tag verbringen, um irgendwelche Dinge zu suchen. Den Schlüssel, das Telefon, einen Notizzettel. Oder die Brille, die auf der Stirn sitzt. Was haben Sie heute Morgen schon gesucht? Der moderne Mensch ist bequem geworden, wenn es um das Suchen geht. Er lässt suchen. Das Navigationsgerät im Auto oder am Fahrrad zeigt zielsicher den Weg. Nur leider ist diese Suche etwas engstirnig. Man weiß meistens nicht, ob man sich nach Norden, Süden oder Osten bewegt. Der moderne Mensch nimmt auch nicht mehr das Lexikon zur Hand, wenn er einen Begriff oder Erklärung sucht. Er lässt die Suchmaschine im Internet suchen. Nur leider sind die Ergebnisse oft so zahlreich und überwältigend, dass man das Fenster gleich wieder schließt. Aber was ist das hier: *Suchet den HERRN?* Suchet Gott? Wie geht das? Wir können den Brockhaus aufschlagen. Jedes Lexikon gibt uns Auskunft über Gott. In den Suchmaschinen des Internets gibt es bei der Suche nach „Gott" zwischen 5 und 50 Millionen Ergebnisse. Ich will sie jetzt aber

nicht mit meinen mittelmäßigen Computerkenntnissen langweilen, sondern nur zeigen, wie schwierig eine Suche sein kann. Und wir merken: Das kann ja nicht gemeint sein, mit der Suche nach Gott. Vielleicht können wir Gott mit dem Verstand suchen. Finden können wir IHN aber nur mit dem Herzen.

In welchem Winkel meiner Seele, in welcher Ecke meines Herzens könnte Gott sich finden lassen? Neulich habe ich einen interessanten Artikel gelesen, in dem ein Religionswissenschaftler behauptet: Die Existenz Gottes lässt sich im Gehirn beweisen. Also nicht im Gefühl der Seele, sondern in der Zentralsteuerung des Menschen. In dieser Studie wurden die Gehirnströme von Christen gemessen, wenn sie beten. Das Ergebnis: Wenn jemand betet, dann arbeitet sein Gehirn genau so, wie wenn er sich mit einem Menschen unterhält. (Focus 6/07 S. 59)

Gehirnströme sollen Gott beweisen? Eine fragliche Sache. Genauso gut könnte man sagen, Gott sitzt in den Beinen, wenn ein Mensch sich aufmacht und die gute Nachricht Jesu weiter trägt. Glaube wäre also nicht Denkkraft sondern Leistungssport.

Was hat der Prophet damals gemeint mit diesem „Suchet den Herrn?“ Wie hat es das Volk verstanden im Jahr 600 vor Christus in der Ferne und Heimatlosigkeit des babylonischen Exils? In ihrer alten Heimat wäre das klar gewesen: Auf in den Tempel nach Jerusalem. Dort ist Gott, das ist des Herrn Haus.

Doch dieser Tempel war dem Erdboden gleich gemacht. Keine Chance mehr zu einem ordentlichen Gebet und einer feierlichen Liturgie. Der Gottesdienstraum war verloren. Nicht mal ein Zelt. Damit haben viele auch Gott verloren. Auch wir wären ärmer, wenn wir unsere Kirche nicht hätten. Aber Kirchen sind nicht der Mittelpunkt des Glaubens. Ob das die Botschaft des Propheten ist: Sucht Gott nicht in den Sicherheit, in den Gebäuden und Gewohnheiten. Sucht Gott in eurem Lebensalltag, findet ihn in den Tagen, die vor euch liegen. Sucht ihn in der kommenden Zeit. Nur wenige Tage zuvor wurde dem Volk diese Mut machende Losung mitgegeben: *Siehe, ich will Neues schaffen, jetzt wächst es auf, erkennt ihr´s denn nicht?* (Jesaja 43,19a)

Diese Aufforderung, Gott zu suchen, kommt im Alten Testament oft vor. Noch ein kleines Suchergebnis: In der Konkordanz, dem biblischen Wort-Nachschlagewerk kommt „suchen“ 210 mal im Alten und 70 mal im Neuen Testament vor. Ob die Menschen damals tiefere Gottes-Sucher waren, wie folgende jüdische Erzählung zeigt:

*Rabbi David, ein Enkel des Rabbi Baruch, liebte es, als er noch ein Knabe war, verstecken zu spielen. Eines Tages spielte er wieder mit einem Knaben. Er verbarg sich, wartete lange in seinem Versteck, denn er meinte, sein Freund suche ihn und könne ihn nicht finden, und sein Herz freute sich gar sehr. Lange wartete er so, aber vergebens; sein Gefährte suchte ihn nicht. Er kam aus dem Versteck heraus, fand den Knaben nicht mehr und wurde gewahr, dass er ihn gar nicht gesucht hatte. Er lief in die Stube seines Großvaters, weinte und klagte: „Ich habe mich versteckt und der böse Hennoch hat mich nicht gesucht!" Da entströmten den Augen des Rabbi Baruch Tränen, und er sagte: „Schau, so klagt Gott auch! Er hat sein Antlitz von uns abgewendet und sich vor uns verborgen, dass wir ihn suchen und finden – wir aber suchen ihn nicht."* (zitiert in; Einblicke-Ausblicke, Aussaat , Neukirchen 1985 S. 152)

Suchet den Herrn! Welcher Mangel liegt vor, dass der Mensch aufgefordert wird, Gott zu suchen? Was hat er verloren? Wir hören ja überall, was dem Menschen verloren gegangen ist, welchen Mangel er hat. Da wird mangelnde Solidarität und Reformbereitschaft beklagt und nachlassende Hilfsbereitschaft. Über fehlende Werte und Orientierungslosigkeit wird nachgedacht. Schwierigkeiten und Mangelerscheinungen, die auch daher kommen, weil viele ihre Kindheit und die Begleitung im Glauben verloren haben. Darum gilt, es Verschüttetes und Verlorenes wieder an die Oberfläche zu holen. Das Verlorene zu suchen.

Was hat denn mit der Einladung des Jesaja zu tun, Gott zu suchen? Was hat das menschliche Miteinander mit Gott und dem Glauben zu schaffen? Das ist doch ein anderes Gebiet. Aber ist wirklich etwas ganz anderes?
Wenn Menschen nach ihrem Woher fragen, nach den Wurzeln ihres Lebens – das hat viel mit Gott zu tun. Wenn Menschen ihren Wert und ihre Würde finden möchten, dann hat es sehr viel damit zu tun, dass sie Gottes geliebte Menschen sind.
Wenn Menschen Verantwortung übernehmen im Staat, in Gemeinde und Gesellschaft, dann ist es gut, wenn sie Gott und seine Gebote im Herzen haben. Sich selber suchen – das heißt auch, nach Gott fragen.
„Suchet den Herrn!" Wie ist es den Israeliten mit dieser Aufforderung und Einladung gegangen? Sie durften heimkehren aus der Verbannung. Zurück zu ihren Wurzeln.

Zurück in die Gemeinschaft. Doch es war keine grandiose Heimkehr, kein glanzvoller oder gar karnevalistischer Festzug. Es war mit Problemen verbunden. Viele haben sich Gedanken und Pläne gemacht, wie es sein würde, wieder zu hause.

„Neues schaffen" will der Herr. Vielleicht sind sie mit dieser Losung jeden Morgen aus dem Haus und haben geschaut, ob der Himmel sich verändert und der Herr die Ungerechtigkeit verjagt hat. Entschädigt für die Zeit der Entbehrung. Wiedergutmachung für Unrecht. Doch der Wiederaufbau, das Zusammenwachsen, die Wiederherstellung gingen nicht so einfach. Zeiten lassen sich nicht einfach überspringen und Sprünge im Leben nicht einfach auslöschen. Das Neue lässt warten. Sie haben erfahren, was es heißt: *Denn meine Gedanken sind nicht eure Gedanken, und eure Wege sind nicht meine Wege, spricht der HERR, sondern so viel der Himmel höher ist als die Erde, so sind auch meine Wege höher als eure Wege und meine Gedanken als eure Gedanken.* Damit wird nicht einfach festgestellt, dass es zwischen Gott und Mensch einen himmelweiten Unterschied gibt. ER da „oben" und wir da „unten". So redet sie Bibel selten. Es ist gemeint, dass Gottes Pläne über unsere Gedanken und Pläne hinausgehen. Wo wir am Ende sind mit unseren Lebensplänen und Entwürfen, ist ER noch lange nicht am Ende. Er hat ein Auge auf unsere Wege und unsere Gedanken sind ihm nicht fremd. Paulus sagt das so –und er denkt an Ereignisse und Erfahrungen, sie wir nicht verstehen: *Wir wissen aber, dass denen, die Gott lieben, alle Dinge zum Guten mitwirken.* (Römer 8,28)

Eine weiter jüdische Geschichte – die Predigt lebt heute ein wenig im Alten Testament- macht es deutlich. Sie berichtet vom großen Lehrer Rabbi Akiba:

*Immer gewöhne sich ein Mensch zu sagen: Alles, was der All-Barmherzige tut, tut er zum Guten, wie jenes Erlebnis des Rabbi Akkiba zeigt: Als dieser sich einmal unterwegs befand, kam er in eine Ortschaft, er bat um Beherbergung, aber man gewährte sie ihm nicht. Er sprach: Alles, was der Allbarmherzige tut, ist zum Guten.*

*Er ging und übernachtete auf einem Feld. Er hatte bei sich einen Hahn und einen Esel und ein Lampe. Es kam ein Windstoß, er löschte die Lampe aus; es kam eine Katze, sie fraß den Hahn, es kam ein Löwe, er fraß den Esel. Da sagte er: Alles, was der All-Barmherzige tut, ist zum Guten. In jener Nacht kam eine Streifschar und führte die Einwohner der Ortschaft in Gefangenschaft. Er wurde verschont. Da sprach er zu ihnen. Habe ich es euch nicht gesagt: Alles, was der Heilige – gepriesen sei er! – tut, das alles ist zum Guten.* (zitiert in: Funkkolleg Religion SBB 2, DIFF, Beltz-Verlag 1983 Weinheim S. 73)

Vielleicht ist das etwas zu glatt, zu einfach. Aber warum sollte man es schwierig und kompliziert machen? Jüdische Erzählungen nehmen den Ernst des Lebens und auch die Zweifel des Glaubens mit einer gewissen Leichtigkeit und nicht mit einer tiefen Schwere. Dass Gott es wohl machen wird, befreit uns vor manchem Zweifel und Angst. Gottes Wort ist kein Geschwätz. Unser Text macht das am Bild von „Regen und Schnee“ anschaulich. In gebundenen Flocken oder flüssigen Tropfen sorgt das Wasser in der Natur für das nötige Gleichgewicht. So wird Gottes Wort seine Wirkung nicht verfehlen und in unserem Leben für das nötige Gleichgewicht sorgen.

Die Menschen in Palästina konnten den Vergleich verstehen und sehen: Der Regen verwandelt das Land in kürzester Zeit. Aus der hellbraunen und ausgedörrten Erde wird eine grüne und bunt blühende Landschaft. Und der Schnee im bis zu 3000 Meter hohen Libanon sorgt für die Bewässerung des Landes.
Auch unsere Region, die Wengert und die Wiesen haben dieses Nass von oben nötig. So beschreibt der Prophet das Wort Gottes. Es sind nicht nur die geschrieben Worte in der Bibel. Gottes Wort lebt, es geschieht und passiert, es will gelebt und erfahren werden. Das ist dieses „Suchet den Herrn!“ Sein Wort gilt, auch wenn es manchmal nicht passt. Es gilt und wirkt auch dann, wenn es bezweifelt, belächelt, missverstanden oder missachtet wird. Ob es angenommen oder abgelehnt wird.
„Du Mensch;“ so redet er uns an. Gottes Wort wartet auf unsere Ant-Wort. So wartet er auf ein Lebenszeichen von uns. So lässt er sich finden. Gottes Wort, seine Nähe gibt unserem Glauben die Wärme zum Wachstum.

AMEN

*5 Siehe, es kommt die Zeit, spricht der HERR, dass ich dem David einen gerechten Spross erwecken will. Der soll ein König sein, der wohl regieren und Recht und Gerechtigkeit im Lande üben wird.*
*6 Zu seiner Zeit soll Juda geholfen werden und Israel sicher wohnen. Und dies wird sein Name sein, mit dem man ihn nennen wird:»Der HERR unsere Gerechtigkeit«.*
*7 Darum siehe, es wird die Zeit kommen, spricht der HERR, dass man nicht mehr sagen wird: »So wahr der HERR lebt, der die Israeliten aus Ägyptenland geführt hat!«,*
*8 Man wird sagen: »So wahr der HERR lebt, der die Nachkommen des Hauses Israel herausgeführt und hergebracht hat aus dem Lande des Nordens und aus allen Landen, wohin er sie verstoßen hatte.« Und sie sollen in ihrem Lande wohnen.*

Liebe Gemeinde!
Nun können wir es wieder aus vollem Herzen singen: „Macht hoch die Tür!“ „Es kommt der Herr der Herrlichkeit....ein König aller Königreich.“ In jeder Strophe ist vom kommenden König die Rede. Ein König, was hat uns das zu sagen? Könige sind vergessene Figuren. Könige, wenn es sie noch gibt, haben heute nicht mehr viel zu sagen.
Vor 90 Jahren war das Oberhaupt der Württembergischen Evangelischen Kirche ein wirklicher König. Kein Landesbischof oder Kirchenpräsident. Nein, ein König. Ein volksnaher König. Ein Regent mit Bürgernähe. Ein menschenfreundlicher König, der auf dem Schlossplatz in Stuttgart gerne ein Schwätzchen mit den Leuten gemacht hat. Trotzdem musste er abdanken. Genau heute vor 90 Jahren. Die Zeit der Monarchie war vorbei. „Gott segne, behüte und schütze unser geliebtes Württemberg, “ so hieß es in seinem Scheidebrief vom 30. November 1918. (Gott und die Welt, Calwer, S. 167)

Es gab auch solche, die rückten sich eher in die Nähe Gottes, wenn sie von sich sagten: „Wir, König soundso, Majestät von Gottes Gnaden." So haben sich frühere Herrscher und Regenten anreden lassen. Sie wollten sich so eine höhere Würde verleihen. Nicht einfach politische Führer wollten sie sein. Es sollte auch etwas von diesem Glanz „von Oben" dabei sein. Im letzten Jahrhundert war es dann die Vorherbestimmung, die „Vorsehung". Auch hier sollte etwas „Göttliches" die politischen Absichten aufwerten.

Mit „Gott" im Titel und Programm ließen sich die Menschen besser dirigieren. Dabei ist es sehr fraglich, ob diese Könige wirklich so von „Gottes Gnaden" regiert haben und ob die „Vorsehung" dies wirklich gewollt hat. Woran misst man Regenten? Wer darf sich überhaupt auf den Thron setzen? Wer wird mit der Führung eines Volkes beauftragt? Früher war das die gesetzliche Erbfolge. Heute sind das demokratische Wahlen, die manchmal doch am Volk vorbeilaufen.

Im Alten Testament war es so, dass der Prophet einen Auserwählten zum König gesalbt hat. Nicht etwa gekrönt. So war der König der Gesalbte, der Messias, der Christus Gottes. Das Volk musste ihn noch bestätigen.

Und eins war klar: Der König regierte nicht in eigener Regie. Er handelte nicht im eigenen Namen und auf eigene Rechnung. Ein König in Israel war nur Stellvertreter und Statthalter. Der eigentliche und unsichtbare König der Weltgeschichte ist Gott selber. Der Weltregent. (Königssprüche: 5. Mose 17,14-20)

In vielen Psalmen wird das deutlich. Hier wird Gott sozusagen zum König erhoben. Er besteigt den Thron der Welt. *„Ein großer König über die ganze Welt.....Singt dem Herrn alle Welt. Singt!"* (Psalm 47) So werden die Menschen aufgefordert. Auch in dem Psalm, den wir zu Beginn gesprochen haben, wird das gesagt: *„Wer ist der König der Ehren?"* Zweimal wird das gefragt und eingeschärft. *„Es ist der Herr!"* Zweimal wird geantwortet, damit man sich das auch gut behalten und merken kann. Und doch gab es immer wieder Könige, Minister und Führer des Volkes, die auf eigene Faust regiert haben. In der ersten Zeit Israels ging es ja noch gut. Da hat der große König David die zwölf Stämme Israels zu einem Großreich vereinigt. Das war kein künstliches Gebilde aus verschiedenen Nationen und Religionen. Es war ein einheitlicher Staat.

Zwar kein großer, aber einer, der unter „Gottes großem Tun," stand. Dieses Reich ist dann doch auseinander gegangen. (1.Könige 12) Ein Volk hat sich getrennt. Ohne Revolution, ohne Umsturz. Es war ein Konflikt zwischen Alten und Jungen. Ein Streit auch über die Höhe der Steuern und Abgaben. Von nun an gab es zwei israelitische Königreiche. Das eine hieß Israel, das andere Juda („Haus Davids.")
Viele Könige waren Taktiker und schlossen faule Kompromisse, um an der Macht zu bleiben. Je nach Lage hat man mal hier und mal dort ein Bündnis geschlossen. Auch religiöse Vermischung gab es.
In der Chronik, in der Geschichtsschreibung des Alten Testaments werden diese Volksführer so beschrieben: Sie taten, was dem Herrn missfiel. So auch der König zur Zeit Jeremias. (König Zedekia) Er war Handlanger einer fremden Macht und keine Person mit Profil. Konkursverwalter seines Vorgängers. Er hatte keine Nähe zu den Bürgern und keine Nähe zur Bibel. Das Grundgesetz des Alten Testaments war ihm nicht so wichtig.

Aus diesem Grund gab es Propheten. Sie waren die Opposition. Die parlamentarische Kontrolle zur Regierung. Ein solcher Mensch war Jeremia. Immer wieder hat er Recht und Gerechtigkeit angemahnt. Darauf hingewiesen, wie wichtig Ordnungen Gottes sind. Oft genug war er ein ungefragter Berater. Er analysiert die Lage des Volkes und stellt fest: „.......sie rennen wie Pferde in eine Schlacht." Sie rennen mit Scheuklappen durch die Welt, ohne auf das Eigentliche zu sehen. Fasziniert und verblendet von den eigenen Zielen und Lebensplänen. Und dieser eingeengte Blick - dieser Tunnelblick- wird sie eines Tages aus der Bahn werfen. Immer stur geradeaus. Ohne jede Kurskorrektur. Wie Zugvögel, die leider die Orientierung verloren haben und den Weg nach Hause nicht kennen. (Jer.8)
Seine Schreiben sind nicht immer gut angekommen bei den Regierenden. So wird von einem König (Jojakim) berichtet, dass er so ein Schriftstück des Jeremia im Kreis seiner Minister und Kanzler Stück für Stück öffentlich verbrannt hat. (Jer. 36,22ff) Keine Richtungsänderung. Keine Spur von Selbstkritik. Dabei - so sieht es Jeremia im Rückblick- hat es vor einigen Jahren noch gut ausgesehen. Ein Neuanfang schien möglich. Der damalige König (Josia) hatte eine Reform durchgeführt. „Null Toleranz" gegen alles, was gegen die Gebote Gottes ist.

Keine Wahrsagerei mehr, kein Spiritismus, keine Horoskope, keine Vermischung der Religionen. Das Land und die Menschen in diesem Land sollten wieder zu Gott gebracht werden. Doch nun scheint es schlimmer gekommen. Alles geht drunter und drüber. Nichts ist mehr, wie es war. Eine kriegerische Unruhe. Die Staaten ringsum Israel kämpfen um die Vorherrschaft in diesem Gebiet. (Assyrer im Norden, Meder, Babylonier im Osten, Ägypter im Süden.) Israel liegt in diesem Korridor und wird zerrieben. Hin und her gerissen. Gott ist dabei, seine eigene Sache zu zerstören. Kaputtzumachen, was er aufgebaut hat. Voller Enttäuschung darüber, dass nicht gelungen ist. „Ausreißen, niederreißen, zerstören,....." so sieht das Programm aus. (Jer. 1,10) Klar, dass ein Jeremia damit nicht gut ankommt. Er ist kein Star am politischen Himmel. Er ist am Verzweifeln. Das ist etwas, das nicht in seine Vorstellung von Gott passt. Wie kann das nur sein?

Ein paar Verse vorher beschreibt er seinen Gemütszustand:

*„Weh mit Mutter, dass du mich geboren hast......ich habe mich nicht zu den Fröhlichen gesetzt, mich nicht mit ihnen gefreut, sondern saß einsam und gebeugt, denn du – Gott- hast mich mit Grimm erfüllt. Warum dauert mein Leiden so lange..... warum kann sie niemand heilen? Du –Gott- bist mir geworden wie eine trügerische Quelle, auf die man sich nicht mehr verlassen kann."* (Jer.15,10.17-18)

Ein hartes Wort. Nichts vom adventlichen Leuchten. Aber er wendet sich *nicht* ab von seinem Gott. Er bleibt dran und er bleibt drunter. Auch wenn er nichts versteht und das Helle nicht sehen kann. Nur dunkle Wände um ihn.

In dieser Finsternis seiner Seele liest er noch einmal diese Verse. Nein, nicht nur niederreißen und zerstören will Gott. Auch „pflanzen und aufbauen". Umbruch zu Neuem durch Abbruch des Alten. Ganz leise hört er auch diese Sätze: *„Siehe, es kommen Tage!"* Zweimal hört er das. *„Siehe, es kommen Tage!"* Nichts ist zu Ende. Nichts ist total aus. Nichts ist umsonst, was wir im Glauben hoffen. Nichts ist vergeblich, was im Glauben geschieht. Ein leiser Ton von ferne ist es, der ihm Mut macht. Und immer lauter wird er: „Die Nacht ist vorgedrungen, der Tag ist nicht mehr fern." Gott selber will Menschen sammeln und zusammenbringen.

Er wird einen auswählen und bestimmen, der zu den Menschen geht. Zu den Vergessenen und Verlorenen. *Siehe, es kommen Tage.* Da wird man nicht mehr an das Vergangene denken. Da wird man sich auf die Zukunft freuen.

Da wird nicht mehr der Jahrestag der Befreiung gefeiert. Da wird nicht mehr nur an die Geschichte erinnert, wie das Volk aus Ägypten herausgeführt wurde. Da hat man ein anderes und höheres Ziel vor Augen. Menschen werden zusammengeführt aus „allen Ländern". Es ist ein Blick auf den kommenden Erlöser. Was damals national war, das ist nun universal. Was damals nur *ein* Volk betroffen hat, das geht nun *alle* etwas an. Es ist ein Bild, das immer deutlicher wird. Die Umrisse des adventlichen Königs. Er hat Macht über Menschenherzen.
Auch Jesus spricht davon, dass er Menschen sammelt aus allen Himmelsrichtungen und Nationen. (Mt.24,31) *„Siehe, es kommen Tage."* Diese Tage, von denen Jeremia spricht, sind mit Jesus angebrochen. So heißt es in der letzten Strophe dieses Adventsliedes: Komm, o, mein Heiland, Jesus Christ.

Auf den ersten Seiten des Neuen Testaments ist der Stammbaum und die Abstammung Jesu aufgeschrieben. Ein Nachkomme König Davids ist er. So wie wir es in der Schriftlesung gehört haben: *„Gelobt sei, der da kommt im Namen des Herrn. Der Sohn Davids."* (Mt.21) Dieser zieht sich nicht zurück. Er sieht sich im Land um und geht an die Basis. Zum Volk und zu den Bürgern. *Siehe, es kommt die Zeit.* Mit dem Kommen Jesu sind die Tage der Trostlosigkeit und Hoffnungslosigkeit gezählt. Eine gute Zeit, diese Adventszeit. Nicht weil sie stilvoll und besinnlich ist. Gut ist sie deshalb, weil sie mich zu dieser Besinnung bringt:
Jesus Christus gibt mir neuen Mut. Nicht nur friedvolle Tage, sondern Frieden mit Gott. *Siehe, es kommen Tage.* Gott hat seinen Termin gesetzt mit diesem Mann aus Nazareth. So kommt er zu seinem Recht, weil er Menschen zu Gott zurückbringt.

AMEN

*1 Und des HERRN Wort geschah zu mir: 2 Was habt ihr unter euch im Lande Israels für ein Sprichwort: »Die Väter haben saure Trauben gegessen, aber den Kindern sind die Zähne davon stumpf geworden«? 3 So wahr ich lebe, spricht Gott der HERR: Dies Sprichwort soll nicht mehr unter euch umgehen in Israel. 4 Denn siehe, alle Menschen gehören mir; die Seele des Vaters gehört mir so wie die Seele des Sohnes. Die Seele, die sündigt, soll sterben.*

*21 Wenn sich aber der Gottlose bekehrt von allen seinen Sünden, die er getan hat, und hält alle meine Gesetze und übt Recht und Gerechtigkeit, so soll er am Leben bleiben und nicht sterben. 22 Es soll an alle seine Übertretungen, die er begangen hat, nicht gedacht werden, sondern er soll am Leben bleiben um der Gerechtigkeit willen, die er getan hat. 23 Meinst du, dass ich Gefallen habe am Tode des Gottlosen, spricht Gott der HERR, und nicht vielmehr daran, dass er sich bekehrt von seinen Wegen und am Leben bleibt? 24 Und wenn sich der Gerechte abkehrt von seiner Gerechtigkeit und tut Unrecht und lebt nach allen Gräueln, die der Gottlose tut, sollte der am Leben bleiben? An alle seine Gerechtigkeit, die er getan hat, soll nicht gedacht werden, sondern in seiner Übertretung und Sünde, die er getan hat, soll er sterben.*

*30 Darum will ich euch richten, ihr vom Hause Israel, einen jeden nach seinem Weg, spricht Gott der HERR. Kehrt um und kehrt euch ab von allen euren Übertretungen, damit ihr nicht durch sie in Schuld fallt. 31 Werft von euch alle eure Übertretungen, die ihr begangen habt, und macht euch ein neues Herz und einen neuen Geist. Denn warum wollt ihr sterben, ihr vom Haus Israel? 32 Denn ich habe kein Gefallen am Tod des Sterbenden, spricht Gott der HERR. Darum bekehrt euch, so werdet ihr leben.*

»Die Väter haben saure Trauben gegessen, aber den Kindern sind die Zähne davon stumpf geworden.« Ein Zahntechniker hat mir gesagt, dass man am Gebiss ablesen kann, welchen Beruf der Patient hat. An einem zusammengepressten Gebiss mit vielen Druckstellen erkennt man, dass es sich um einen Lehrer oder Handwerker handeln muss. Sind das etwas „verbissene“ Berufe? Zähne zusammenbeißen und durch?

Dieses Sprichwort von den sauren Trauben und den stumpfen Zähnen war ein geflügeltes Wort. Es war öffentliche Meinung und man hat darüber gesprochen bei den Israeliten im babylonischen Exil. Das haben wir unseren Väter zu verdanken, wie es uns hier geht. Was uns bedrückt ist das Echo unserer Ahnen. Eine kollektive Schuld, die eine nachkommende Generation eines Volkes belastet. Sie haben die Folgen zu tragen, obwohl sie für die Ursache nicht das Geringste können.
Die Jungen müssen ausbaden, was die Alten verbockt haben.
Davon reden die Leute, die in einem fremden Land leben müssen, weil die Eltern durch eigene Schuld ihre Heimat verloren haben. Vertrieben und in einem andern Land angesiedelt, weil sie sich keinen Deut um Gott gekümmert haben.

Wir kennen das ja – die Verzahnungen von Lebensgeschichten, die Verbindungen von Generation zu Generation. Da gibt es Altlasten, die übernommen und vererbt werden. Da müssen Häuslesbauer erst einmal Grund und Boden sanieren, weil der Vor-Vor-Besitzer das Altöl und den Sondermüll einfach im Erdreich entsorgt hat. Folgen, die andere zu tragen haben. Wir wissen es von der Vererbungslehre, dass den Kindern nicht nur äußere Merkmale, sondern auch innere Charaktereigenschaften mitgegeben werden. Nicht nur die große Nase, die O-Beine werden weitergeben.
Ob einer ruhig ist und ausgeglichen, ob einer gleich aus dem Häuschen ist und alles schwer nimmt, auch das sind Eigenschaften, die zwischen den Generationen hin und her springen. Sogar die Erinnerung der Eltern, was sie beeindruckt und beschwert hat, was sie erlebt haben, kann die Kinder in ihrer Seele beschäftigen und beschweren.

»Die Väter haben saure Trauben gegessen, aber den Kindern sind die Zähne davon stumpf geworden.« Dieses Sprichwort macht die Runde. Das beschäftigt die Menschen. Dahinter steckt auch die Frage nach der göttlichen Gerechtigkeit. Warum muss dieser Mensch diese Krankheit aushalten? Das hat er nicht verdient. Warum hat diese Frau ihren Mann, warum haben die Eltern ihr Kind verloren? Das haben sie doch nicht verdient. Warum sind manche Lebensgeschichten so schwer und traurig? Womit haben sie das verdient? Eine Frage, die auch in den Psalmen Gott vorgelegt wird: warum geht es den Gottlosen so gut und wir müssen leiden?

Die Leute im Dorf unten am Fluss Kebar erzählen sich die Lebensgeschichte eines Mannes, der schon lange unter der Erde liegt. Sie erinnern sich noch gut an ihn und wissen nur Gutes über ihn zu berichten. Immer ein gutes Wort für sein Gegenüber.
Ein ausgeglichener Mensch. Kein Strahlemann, eher ein ernster, nachdenklicher und gereifter Mensch. Kein Eigenbrödler, kein Lebemann. Die Arbeiter in seinem kleinen Betrieb hat er gerecht entlohnt. Was er hatte, war ihm genug. Seine Art war es nicht, immer mehr Geld zu machen. Auch damals nicht, als die Bauplatzpreise gestiegen und die Zinsen in die Höhe geklettert sind. Da hätte er einen schnellen Euro machen können.
Doch er hat weiterhin die unterstützt, die nicht so viel hatten. Er hat sich um die gesorgt, die nicht so gut gestellt waren. So hat er es auch nie zu etwas Höherem gebracht. Sein Platz am Sonntagmorgen war im Gottesdienst. Unauffällig saß er in einer der mittleren Bänke. Zuhause sah man in oft vor seiner aufgeschlagenen Bibel sitzen. Er hat gelebt, was er geglaubt hat. So reden und erinnern sich die Menschen im Dorf an ihn.

Darum können sie es auch nicht verstehen, dass sein Sohn „so ganz aus der Art geschlagen" ist. Dieser Sohn hat sein Heimatdorf schon lange nicht mehr besucht. Was man von ihm wusste, das konnte man in den Klatschspalten und in den Wirtschaftsseiten der Zeitungen lesen. „Er hat es zu etwas gebracht, " bewundern ihn die einen. „Sein Elternhaus hat er verraten, " sagen die anderen. Genau das Gegenteil von seinem Vater. So schnell, wie der zu viel Geld gekommen ist – das können nur krumme Touren gewesen sein. Windige Abschreibungsgeschäfte und illegale Geldaktionen. Andere hat er nach Strich und Faden ausgetrickst, um an ihr Geld zu kommen. Ja, vielleicht denkt er manchmal an seinen Vater, der ein Vorbild im Dorf war. Doch das sind für ihn unnötige Erinnerungen, sentimentales Gehabe, das ihm nur lästig ist. Und die Bibel seines Vaters, die liegt- wenn überhaupt- irgendwo verstaubt auf der Bühne. Das Ganze ist für ihn Sperrmüll der Kindheit. Und in der Kirche, da war er zum letzten Mal bei der Taufe seines Sohnes.
Dieser Sohn allerdings hat aus den falschen Vorstellungen seines Vaters gelernt. Nach seiner Berufsausbildung ist er in sein Heimatdorf zurückgekehrt und wohnt mit seiner Familie ganz in der Nähe des großelterlichen Hauses.

Er gleicht stark seinem Großvater. Der wäre stolz auf ihn und dankbar. „Ein Glück, das der nicht geworden ist wie sein Vater", so sagen sich die Nachbarn. Er wird wie sein Großvater werden und den Menschen im Dorf eine Hoffnung sein. So reden die Menschen und wünschen ihm Gutes. Nein, das ist nicht einfach Dorfklatsch oder kleinbürgerliche Moralvorstellungen. Die Leute können sehen und beurteilen.

Es mag dies eine Beispielgeschichte sein für die Menschen an für sich. Wie sie sind und wie sie werden. Welche Charaktereigenschaften durchbrechen, welche Ereignisse einen Menschen verformen und seine Seele entstellen. Wie einer wieder zurückfindet zu seinen Wurzeln und das fortsetzen wird, was andere angefangen haben. Jeder hat *seine* Geschichte, *sein* Leben. Wir leben in und wir leben mit der Geschichte unserer Eltern und Vorfahren. Wir sind mit der Geschichte unserer Stadt, unseres Landes und Volkes verbunden. Und oft haben Menschen an einer kollektiven Schuld zu tragen, werden immer wieder an die Vergehen der Väter erinnert. Wir bekommen ein Stück davon mit, wie die waren, die vor uns gewesen sind. Und wir geben es natürlich auch unseren Kindern weiter, wie wir leben, was wir sagen, wie wir denken, was wir glauben. Und wir liegen da sicher nicht immer goldrichtig. Kinder müssen nicht immer das sagen und meinen, was die Eltern für richtig halten. Kinder müssen auch nicht unter dem leiden, worunter die Eltern gelitten haben. Nachfahren müssen nicht das tragen, was die Vorfahren tragen mussten.
So wie jener Kutscher, der auf einer inzwischen geebneten Gefällstrecke sagt: „Hier hat mein Großvater gebremst, hier hat mein Vater gebremst. Hier brem´s auch ich!"
Es ist befreiend, wenn ich merke, dass ich das Alte nicht ständig mit mir herumschleppen muss. Die Schatten der Vergangenheit müssen nicht ständig meinen Weg verdunkeln. „Die Seele des Vaters, die Seele des Sohnes" - das Leben der Mutter und das Leben der Tochter- „gehört mir!" So meldet Gott seinen Besitz an. Wir sind nicht nur Nachkommen unserer Vorfahren, wir sind nicht nur Produkt unserer Umwelt, wir sind nicht nur ein kleiner Teil einer großen Geschichte. Gott schreibt die Geschichte für jeden einzelnen Menschen neu. Jeder ist ein Original Gottes. Unverwechselbar. Unvergleichbar. Jeder Einzelnen ist von Gott zum Leben berufen.
Unser Text spricht von Umkehr. Er spricht davon, dass ich meine Werte und Vorstellungen auf den Prüfstand stelle. Wer ständig in seiner Vergangenheit rührt, wird seine Zukunft verpassen. „Kehret um, so werdet ihr leben!"

Umkehr zum Leben. Abkehr von dem, was uns kaputt macht. Was mag damit gemeint sein? Ist es der gute Vorsatz ein besserer Mensch zu werden? Was den Menschen damals gesagt wurde, das ist doch eigentlich selbstverständlich: gerecht sein, nicht gierig oder geizig. Niemand unterdrücken, den anderen achten. Das Grundgesetz Gottes –die zehn Gebote- beachten und befolgen. Ob das gemeint ist mit der „Umkehr zum Leben?“ Peinlich genau die Gesetze befolgen? Das könnte eine schwierige Gratwanderung werden. Ein Fehltritt kostet das Leben. Ein falscher Handgriff, ein falsches Wort ein krummes Ding, einmal am Sonntag einkaufen und nicht regelmäßig im Gottesdienst – und schon ist das Gute vorbei.

Dieses Problem hatte Jesus mit den Guten, den Besten in Israel.

Sie waren die religiöse Elite. Die Pharisäer und sie fragen: Mit welchem Gesindel gibt sich denn Jesus ab? Wie wir in der Schriftlesung gehört haben. Sie konnten nicht verstehen, dass Jesus sich auch um die gekümmert hat, die nicht aus einer guten Kinderstube gekommen sind. So wie sie groß geworden sind, hatten sie vermutlich keine Chance, zu den Guten zu gehören.

Wahrscheinlich hat ihnen niemand erklärt, wie man die Thora richtig liest oder die über 500 Gebote und Verbote einhält. Aber müssen sie deshalb ein Leben lang darunter leiden? „Kehret um!“ das ist mehr als eine äußerliche Runderneuerung.

Wir sind eingeladen, in unserem Inneren neu zu werden. Alles andere sind äußere Dinge. Die „Guten der Religion“ haben zu Jesus einmal gesagt: „Wir sind Abrahams nachkommen.“ (Joh.8,33) Wir sind sozusagen vom religiösen Adel. Das ist unsere Herkunft. Wir sind wer, nicht so was wie die dahergelaufenen Tagdiebe.

Doch eine solche Erbfolge gibt es nicht. Und keiner wird sich auf seine gläubige Großmutter berufen können oder auf die Eltern, die in der Bibel gelesen haben. Hier ist jeder selber gefragt. Und wenn die, die vor uns gewesen sind, geglaubt und in der Bibel gelesen haben, dürfen wir es ihnen gerne nachmachen.

So können die Vorfahren auch Vorbilder sein.

Es bleibt die Herausforderung zur *eigenen* Entscheidung. Der einzelne ist ihm wichtig. Nicht nur die Familien und die Familiengeschichten. Nicht nur die Kirche und die Kirchengeschichte. ER, der lebendige Gott sucht uns. So wie der Hirte sich aufgemacht hat, das eine Verlorene zu suchen. Wie der Wochenspruch feststellt:

„Des Menschensohn ist gekommen, zu suchen und selig zu machen.“

AMEN

*Ihr seid das Salz für die Welt. Wenn aber das Salz seine Kraft verliert, wodurch kann es sie wiederbekommen? Es ist zu nichts mehr zu gebrauchen. Es wird weggeworfen und die Menschen zertreten es. 14 Ihr seid das Licht für die Welt. Eine Stadt, die auf einem Berg liegt, kann nicht verborgen bleiben.*
*15 Auch zündet niemand eine Lampe an, um sie dann unter einen Topf zu stellen. Im Gegenteil, man stellt sie auf den Leuchter, damit sie allen im Haus Licht gibt.*
*16 Genauso muss auch euer Licht vor den Menschen leuchten: Sie sollen eure guten Taten sehen und euren Vater im Himmel preisen.«*

Liebe Gemeinde!

„cum grano salis," so sagten es schon die alten Römer. „Mit einem Körnchen Salz," mit ein bisschen Witz, mit einer besonderen Aufmerksamkeit bekommt das Leben Würze. Da verändert sich eine Situation. Salz war schon immer etwas Besonderes. „Weißes Gold" wurde es genannt. Als die Menschen das Salz entdeckt und die Bedeutung dieser weißen Körnchen kennen gelernt haben, gründeten sie „Salz-siedlungen." Salz wurde verkauft und gekauft. Salzhandelsstraßen sind entstanden. Und weil es so begehrt war, kam es auch zu „Salzkriegen."
Der kluge Spruch eines alten Griechen sagt: „Dein Freund sei erst dein wahrer Freund, wenn ihr mitsammen einen Scheffel Salz verspeist habt, denn um einen Scheffel Salz zu verspeisen, bedarf es einer langen Zeit."
Salz hat etwas Beständiges und Dauerhaftes. Man muss an einer Sache bleiben, um sie richtig kennen zu lernen. Man sollte sich für einen Menschen Zeit und Ausdauer nehmen. Beständigkeit und Geduld – ist es das, was Jesus mit dem Vergleich vom Salz sagen will? Salz hat ja verschiedene Eigenschaften. Als es noch keine Gefriertruhen und Frischhaltefolien gab, hat man Salz benutzt, um Lebensmittel haltbar zu machen, zu konservieren. Die Salzlake, - bzw. Kruste hielt Fisch und Fleisch, zwar nicht frisch, aber immerhin genießbar. Vielleicht kommt daher der Ausdruck: du kannst dich einsalzen lassen.

Salz macht haltbar, es konserviert. Wenn Jesus nun sagt „Ihr seid das Salz der Erde," dann könnte man meinen: Klar, Christen, das sind die Konservativen. Sie halten an alten Traditionen und Formen fest. Sie singen alte Lieder und kommen immer mit der Bibel. Aber dieses Buch ist ja gerade kein altes Schriftstück, keine vergilbte Akte. Es wurde übersetzt und ausgelegt, erklärt und in moderne Formen gebracht. Die Bibel will uns auch heute etwas sagen, möchte uns Wegweisung geben für unser Leben und unseren Glauben. So sind Christen nicht Konservative, sie sind eher Konservatoren. Sie erhalten das Alte und machen es für die Gegenwart fit, brauchbar für den Alltag.
Sie setzen das Alte instand und bringen die Gute Nachricht von Jesus Christus auf den Weg. Weil der moderne Mensch sie nötig hat.

„Ihr seid das Salz der Erde." Damit möchte uns Jesus einladen: Lebt nicht von den alten Konserven der Welt. Greift nicht nach den abgelaufenen Ideen und Lebenszielen, bei denen am Ende nur ein fader und abgestandener Geschmack übrigbleibt. Greift nach dem „Geschmack der Ewigkeit."
„Ihr seid das Salz der Erde." Eine große Zahl von Zeugen hat es im Laufe der Zeit auf den Weg gebracht. Die Gute Nachricht der Bibel bezeugt –oft mit ihrem Leben-, hat sie festgehalten, konserviert und transportiert, weitergegeben in die Gegenwart, in unseren Alltag. Das meint Jesus mit diesem Bild vom Salz. Wir sollen nicht nur das Alte verwalten, wir dürfen das Neue gestalten.
Eben diese gute Nachricht, dass Jesus in die Welt gekommen ist, um für uns Licht zu sein. Salz hat übrigens früher im Gottesdienst eine wichtige Rolle gespielt. Wenn sich einer taufen ließ, wurde ihm geweihtes Salz gereicht. Man vermutete eine reinigende Wirkung. Das alte, morsche und verfaulte Leben sollte aufgelöst werden. Auch wurde in der alten katholischen Kirche dem Weihwasser Salz beigemengt.
Es geht aber nicht um das Salz, nicht um dieses Natriumchlorid, das für den Wasserhaushalt eines Körpers und für Diätkuren wichtig ist und neuerdings als Gesundheitsmittel, als Wundersalz vom Himalaya für den gesunden und modernen Lebensstil angeboten wird. Wer salzlos essen muss, dem fehlt bestimmt die letzte Würze, der letzte „Biss." Das ist eine weitere Eigenschaft vom „Salz der Erde:" Es bringt der faden Welt Geschmack. „Salz der Erde," so lautete auch das Motto eines Kirchentages. Wenn so 100 000 Menschen beisammen sind, macht das schon was her.

Aber auf den Alltag verteilt, sind es weit weniger. So ein Häuflein Salz ist verschwindend gering in der Masse der salzlosen Welt. Aber so ist es. Salz leitet den Geschmack nur dann, wenn es gelöst ist. Nur eine Prise. Ein Haufen Salz für sich allein, hat keinen Sinn, keine würzende Wirkung. Es muss sich einbringen. Salz der Welt muss sich einbürgern in diese Welt. Salz der Erde. Das Kleine und Unscheinbare ist wichtig. Nicht das Große und Bombastische. So sagt es Jesus uns zu: Eine Prise Ewigkeit in diese Zeit. Eine Prise Hoffnung für diese Welt. Ein kleines Maß Ruhe, Geduld und Gelassenheit für die aufgeregten, ruhelosen und suchende Menschen. Zeit von Gottes Ewigkeit. Salz der Erde. Beten für die Welt. Seid Salz der Erde und erstarrt nicht zur Salzsäulen in dieser problematischen und unübersichtlichen Welt!

Das ist auch mit dem zweiten Vergleich gesagt: Ihr seid das Licht der Welt. Nicht die Leuchten einer Gesellschaft, aber solche, die immer wieder kleine Orientierungslichter setzen, damit die Menschen, damit eine Gesellschaft sich wieder zurechtfindet.
So waren es z.B. Christen, die im 19. Jhdt. solche Orientierungslichter gesetzt haben. Kinderheime und Häuser für Heimatlose sind entstanden. Positionslichter gegen gesellschaftliche Verwahrlosung. Missionsgesellschaften.
Ein Gustav Werner (*1809) setzte ein Beispiel gegen einen rücksichtslosen Materialismus, gegen eine menschenfeindliche Industrie, indem er eine christliche Fabrik gründete. Unternehmen engagierten sich auf sozialem und kirchlichem Gebiet. Christliche Initiativen für Arbeitssuchende und Haltlose sind entstanden. Johann Wichern (*1808) gründete das „Rauhe Haus“ für verwahrloste Jugendliche.
Nicht Geltungssucht oder Gewinnerwartung hat sie getrieben. Es war die Sorge um Gottes Geschöpfe.

Sicher, Christen werden aus der Dunkelkammer der Welt keinen Festsaal machen, aber immer wieder solche Orientierungslampen und Positionen setzen, damit wir uns nicht gegenseitig auf die Füße treten, über den Haufen rennen oder die Köpfe einschlagen. Damit Menschen wissen, wonach sie greifen können, wo sie Halt finden. Bei wem sie sich festhalten können. Es geht nicht darum, dass Christen ihre Werke und Initiativen zur Schau stellen. Es ist keine Leistungsschau, wenn Jesus das von den „guten Werken“ sagt, die die Menschen sehen sollen.

Diese Werke sind ja so etwas wie ein Spiegel. Sie haben nicht den Menschen im Vordergrund, sondern Gott, der uns dazu beauftragt und befähigt.
Christen leuchten nicht von selber, sie reflektieren die Suche Gottes nach seinen Menschen. Das ist mit diesem Vers gemeint: Nur keine falsche Bescheidenheit,
wenn es darum geht, von Gott zu reden. Nur keine Zurückhaltung, wenn es darum geht, Menschen von Jesus Christus zu sagen und sich für den Menschen einzusetzen. Wir sind keine selbst leuchtende Leuchten, haben keine eigene Strahlkraft. Christen sind *be*leuchtet. Beleuchtet und angesteckt von dieser „Stadt auf dem Berge."
Christen sind unterwegs. Als Salz der Erde und Licht der Welt. Sie haben es noch nicht ergriffen. Aber sie sind von IHM ergriffen

AMEN

auf dem Campingplatz Breitenauer See in Löwenstein

*38 Darauf antworteten einige der Gesetzeslehrer und Pharisäer und forderten:
»Lehrer, wir wollen von dir ein Wunder sehen, das eindeutig beweist, dass du von Gott
beauftragt bist!« 39 Jesus erwiderte: »Diese böse Generation, die von Gott nichts
wissen will, verlangt einen Beweis, aber es wird ihr keiner gegeben werden –
ausgenommen das Wunder, das am Propheten Jona geschah: Den Beweis werden
sie bekommen! 40 So wie Jona drei Tage und drei Nächte im Bauch des
Seeungeheuers war, so wird auch der Menschensohn drei Tage und drei Nächte in
der Tiefe der Erde verborgen sein. 41 Am Tag des Gerichts werden die Bewohner
von Ninive aufstehen und diese Generation schuldig sprechen; denn als Jona sie
warnte, haben sie ihr Leben geändert. 11 Und hier steht ein Größerer als Jona!*

Liebe Zeltgemeinde!

Woran erkennt man einen Löwensteiner, einen Obersulmer, Stuttgarter, Ludwigsburger oder wo sie sonst noch her sind? Vermutlich erkennt man sie am Dialekt, sicher nicht am Aussehen. Aber Camper erkennt man gleich an ihrem luftigen Freizeitdress. Die Mitarbeiter der Kirche Unterwegs erkennt man daran, dass sie über den Campingplatz laufen und Leute einladen. Ärzte erkennt man meist am weißen Kittel und Kaminfeger an ihrer schwarzen Kluft. Pfarrer übrigens auch, doch die steigen den Leuten nur selten aufs Dach. SMS-Vielschreiber erkennt man am geschwollenen Daumen und Eltern daran, dass sie immer Zeit haben für ihre Kinder.

Doch nun genug, wir wollen kein heiteres Berufsraten veranstalten. Manchmal sind solche äußere Erkennungszeichen wichtig, man will ja wissen, mit wem man es zu tun hat und worauf man sich da einlässt. Das wollten nun einige von Jesus wissen: Mit wem lassen wir uns da ein? Jesus trug keinen Talar und keine Gelehrtenmütze, er hatte keine Handzettel unter dem Arm und nicht die Aura eines Gurus. Nichts, woran man seine Fähigkeiten hätte sehen können. Darum verlangen sie: Lass´ uns sehen, was du kannst. Zeig´, was du drauf hast. Zeig` uns deinen Ausweis, deine Legimitation! Allerhand Spektakuläres erzählen die Leute von dir. Kranke sollst du heilen, Toten gibst du neues Leben, Gelähmten machst du Beine und Schwerhörigen öffnest du die Ohren. Einige meinen, du hättest eine besondere Beziehung zu Gott.

Aber die Leute übertreiben oft. Sie wollen Schlagzeilen, Sensationen und Außergewöhnliches. Brot und Spiele, das ist ihr Leben. Doch wir sind kritische Zeitgenossen und wollen sehen, was wir glauben. Hast du die Befugnis zu solchen Grenzüberschreitungen? Zeig uns, was du kannst und wir wissen, wer du bist!

Zeichen sind wichtig für uns. Zeichen, die uns zeigen, woran wir sind. Die Hand, die uns berührt; das Wort, das uns aufrichtet; die Bewegung, die uns einlädt; die Augen, die uns wahrnehmen. Es wird nicht berichtet, was die Leute damals sehen wollten. Vielleicht etwas Außergewöhnliches oder nur ein Zeichen ihres Glaubens. Ein Beweis, ob sie auf dem richtigen sind Weg sind. So und nicht anders.

Jesus liefert keinen Beweis, aber er gibt einen heißen Tipp. Einen Hinweis, wie das ist mit dem Glauben. Er bringt eine Lebensgeschichte und erinnert an einen Menschen.

Dieser Jona – glücklich lebt er in seiner gemütlichen Hütte inmitten der herrlichen Hügellandschaft Palästinas. Umgeben von Palmen, Oliven und Trauben. Einfach zum Relaxen und Ausruhen. Dolce vita. Fast wie beim Campen.

Eines Tages wird ihm ein riskanter Auftrag zugestellt. Er soll nach Ninive gehen, droben, weit entfernt im Norden. Eine Stadt, in der es drunter und drüber geht. Das reinste Chaos herrscht dort. Die Bewohner halten sich an keine Ordnung mehr und nehmen keinerlei Rücksicht aufeinander. Da geht es um Kopf und Kragen. Zocker, Spekulanten, Goldgräber und Finanz-Jongleure. Vom Glauben nicht die geringste Spur. Das Wort „Gott“ taucht nicht mal in der Verfassung auf.

Darum ist für diese Stadt das Ende angesagt. Der Countdown der Zerstörung läuft. Eine aufgeblähte Wirtschaft und eine aufgeblasene Gesellschaft bricht in sich zusammen. Doch – eine Chance gibt es noch vor dem Bankrott. Jona soll den Menschen die Möglichkeit der Umkehr zeigen. Kurskorrektur ist angesagt.

„Predige *wider* sie!“ heißt es in seinem Auftrag.

Ich meine, das muss man sich schon überlegen, ob man *gegen* die Menschen predigt. Das kann einem schon verunsichern da oben: Predige ich ihnen? Predige ich *für* sie, predige ich *über* sie oder gar *gegen* sie?

Das war Jona zuviel. Er soll als Vermittler in das Krisengebiet reisen. Und das gefällt ihm ganz und gar nicht. Er stellt sich vor, was ihm da bevorsteht: Als Außenseiter wird er behandelt werden, ausgelacht, nicht für voll genommen. Möglicherweise bekommt er Berufsverbot oder wandert ins Gefängnis.

Nicht mit ihm! Da streikt er lieber. Sein Plan sieht anders aus: Er kratzt sein ganzes Geld zusammen und entschließt sich zur Flucht auf dem Schiff. Es muss nicht schnell gehen, aber möglichst weit weg. Was gehen ihn die Leute da oben an? Selber Schuld sind sei. Das ist nicht seine Sache, das ist ihr Problem.

Das Buch Jona berichtet von dieser Schiffreise. Doch der Fahnenflüchtige kommt nicht weit. Ein gewaltiger Sturm bringt Schiff und Besatzung in eine gefährliche Schieflage. Die Matrosen versuchen alles, um sich und das Schiff zu retten.
Doch in der ausweglosen Lage, als die Sache immer kritischer wird, sehen sie nur noch eine Lösung des Problems. Und das Problem heißt Jona. Also: Ballast über Bord, Mann über Bord. Sie werfen Jona ins Meer.
Übrigens: auf dessen eigenen und ausdrücklichen Wunsch. Sind ja auch keine Unmenschen die Seeleute. So ist die Flucht des Jonas einfach ins Wasser gefallen. Ein gemütliches Leben wollte er haben und nun steht ihm das Wasser bis zum Hals. Doch es gibt Rettung für den entlaufenen Prediger. Wenn der Mensch Schiffbruch erleidet, gibt Gott ihm eine neue Chance.

Nun wird weiter geschildert, wie der große Fisch kommt und den Jona verschlingt. Eine interessante Erzählung ist das. Es gibt sie als Singspiel, als Theaterstück und Ballade mit bunten Bildern. Aber gibt es das auch hier? Im Urlaub, im Alltag?
Auch im Breitenauer See soll es Fische geben, die an die zwei Meter messen. Wenn dich so einer am Fuß küsst! Aber Entwarnung, der Fischereiverein sagt, dass auch die großen Fische keine Gefahr sind.
Drei Tage sitzt er in der Dunkelheit. Drei lange Tage und Nächte.
Ihm passiert nichts. Aber mit ihm passiert etwas. Er setzt einen SOS-Ruf ab. „Rette meine Seele!" Jona schildert seine Lage in der dunklen Tiefe: „.....Mauern umschlossen mich.. Ich dachte, ich sei verloren.....werde ich je wiedersehen den Ort meiner Heimat? ....
Sicher, am Breitenauer See behalten wir den Überblick. Doch dann und wann kann es schon sein, dass wir in die uferlose Weite der Sorgen abdriften. Stagnation, Stillstand, nichts geht mehr. Was geht da vor in der Tiefe, in der Dunkelheit der Gottesferne? Was geht in uns vor in den Stunden der Dunkelheit?

Was passiert mit uns und in uns, wenn sich Schatten auf die Seele legen? Wenn wir kein Licht mehr sehen? Nur Verlassenheit und Einsamkeit? Jona ist auf sich selber zurückgeworfen. Er hat nur noch sich selber. Ist allein mit seiner Angst,, seinen Zweifeln, seiner Verlassenheit. Und er ist allein mit Gott. Nichts mehr, wohin er fliehen könnte. Nicht mehr, womit er sich ablenken könnte. Dann erkennt der Eingeschlossene einen Ausweg: „..aus der Tiefe rufe ich Herr zu dir....in der Tiefe dachte ich an den Herrn und ich betete zu meinem Gott."
Große Zeichen haben die Menschen von Jesus erwartet.
Aber gibt es größeres als dass, wenn Gott Menschen aus der Tiefe ihrer Dunkelheit befreit, wenn er die Verlassenen und Verlorenen wieder ans rettende Ufer zurückbringt? „Hier ist mehr als Jona!" So beendet Jesus das Gespräch. Damit meint er seine eigene Lebensgeschichte. Auch er wird von den Menschen über Bord geworfen. Ausgelost, fallengelassen, in die Dunkelheit geschickt. Dort stirbt er für die Schiffbrüchigen des Lebens. Dort befreit er die Eingeschlossenen, dort bringt er uns zum Schöpfer zurück.

„...aus der Tiefe rufe ich Herr zu dir!" Das ist der bezeichnende Satz dieser Geschichte. Das ist das Zeichen der Christen. Christen erkennt man nicht nur daran, dass sie das gleiche Glaubensbekenntnis haben, dass sie dasselbe Lächeln haben oder dieselben Lieder singen. Sie wenden sich an den grenzenlosen Gott. Das zeichnet sie aus. Sie bitten und loben den Gott, der sie aus der Tiefe holt.

AMEN

*1 Mit der neuen Welt Gottes ist es wie mit einem Weinbauern, der frühmorgens
Arbeiter für seinen Weinberg anwarb. 2 Er einigte sich mit ihnen auf den üblichen
Tageslohn und ließ sie in seinem Weinberg arbeiten. 3 Ein paar Stunden später ging
er noch einmal über den Marktplatz und sah dort Leute herumstehen, die arbeitslos
waren. 4 Auch diese schickte er in seinen Weinberg und versprach ihnen einen
angemessenen Lohn. 5 Zur Mittagszeit und gegen drei Uhr nachmittags stellte er noch
mehr Arbeiter ein.*

*6 Als er um fünf Uhr in die Stadt kam, sah er wieder ein paar Leute untätig
herumstehen. Er fragte sie: 'Warum habt ihr heute nicht gearbeitet?' 7 'Uns wollte
niemand haben', antworteten sie. 'Geht doch und helft auch noch in meinem Weinberg
mit!', forderte er sie auf. 8 Am Abend beauftragte er seinen Verwalter: 'Ruf die Leute
zusammen, und zahl ihnen den Lohn aus! Fang beim Letzten an, und hör beim Ersten
auf!' 9 Zuerst kamen also die zuletzt Eingestellten, und jeder von ihnen bekam den
vollen Tageslohn. 10 Jetzt meinten die anderen Arbeiter, sie würden mehr bekommen.
Aber sie erhielten alle nur den vereinbarten Tageslohn. 11 Da beschwerten sie sich
beim Weinbauern: 12 'Diese Leute haben nur eine Stunde gearbeitet, und du zahlst
ihnen dasselbe wie uns. Dabei haben wir uns den ganzen Tag in der brennenden
Sonne abgerackert!'*

*13 'Mein Freund', entgegnete der Weinbauer einem von ihnen, 'dir geschieht doch kein
Unrecht! Haben wir uns nicht auf diesen Betrag geeinigt? 14 Nimm dein Geld und geh!
Ich will den anderen genauso viel zahlen wie dir. 15 Schließlich darf ich doch wohl mit
meinem Geld machen, was ich will! Oder ärgerst du dich, weil ich großzügig bin?'
16 Ebenso werden die Letzten einmal die Ersten sein, und die Ersten die Letzten.*

Liebe Gemeinde!

Freiheit, Gleichheit, Brüderlichkeit. Die herrschenden Verhältniss werden umgekehrt. Diese Geschichte könnte die Vorlage für eine gerechte Gesellschaft sein. Jeder hat die Freiheit, so lange und sooft zu arbeiten, wie es seinen Bedürfnissen entspricht. Denn am Ende ist ja jede Arbeitskraft gleich gültig. Dass manchem auch die Arbeit gleichgültig ist, spielt keine Rolle, denn schließlich wird am Ende brüderlich geteilt.
Nein, das kann nicht funktionieren. Wir kennen andere Lebensgesetze und Arbeitsrichtlinien:
„Wer zuerst kommt, der mahlt zuerst." So steht es im „Sachsenspiegel," einem alten Rechtsbuch aus dem Mittelalter. Und irgendwie leuchtet einem das auch ein.
„Wer zuerst kommt, der mahlt zuerst" und „den Letzten beißen die Hunde."
Unser Gleichnis stellt dieses Gesetz auf den Kopf. Nicht der Tüchtige und Schnelle kommt zuerst ans Ziel, sondern der Faule und Langsame. Stellt euch das mal in der Schule vor: Die einen Schüler langweilen sich und lernen auch nicht viel und bekommen am Ende doch dieselbe Note wie die Langzeitlerner. Gleiche Noten für Alle? Ein Tumult im Klassenzimmer und der Aufstand der Eltern wären sicher.
Die, die sich anstrengen und solche, die absahnen und abstauben. Da kann ja nicht sein. Da hat einer jahrelang gespart und dann wird im gesagt, dass sein Geld nun andere haben. Da hat einer jahrzehntelang gearbeitet und geschuftet, sich engagiert und seine Arbeit zuverlässig gemacht, und dann wird ein anderer vorgezogen, ihm vor die Nase gesetzt. Man muss anscheinend damit rechnen, dass man ein Opfer dieser Gleichmacherei wird. Dass Newcomer und Aufsteiger die Alten überholen. In der Politik und in den oberen Firmenetagen kann man das gut sehen, wenn sich das Personalkarussell dreht. Da wird abgewählt und ausgetauscht, abserviert und hochgehievt.
Sehen wir uns das Gleichnis noch mal an:
Damals gab es noch keine Agentur für Arbeit, keine Ausschreibungen oder private Vermittler. Nur wer pünktlich auf dem Marktplatz war, konnte damit rechnen, dass er Arbeit findet für diesen Tag. Tagelöhner waren es. „Tagelöhner," diese Berufsbezeichnung findet man hie und da auch in unseren älteren Kirchenbucheinträgen.
Arbeitsverträge gab es nicht und keine Sozialleistungen. Man lebte von der Hand in den Mund. Was reinkam, war gut. Hauptsache es reichte für einen oder zwei Tage.

Es gab noch keine Aktienmärkte, wo man sein Geld anlegen, gewinnen oder verlieren konnte. Die Arbeitszeit ging von Sonnenaufgang bis Sonnenuntergang. Da kamen schon so zwölf Stunden zusammen. Die Einen stehen morgens um sechs bereit und mühen sich um Arbeit. Der Tageslohn wird ausgehandelt. Der gerechte und übliche Lohn für einen Tag.
Die zweite Arbeitsgruppe fängt um neun Uhr mit der Weinlese an. Mit ihr wird kein Mindestlohn vereinbart. „Was recht ist," also was der Arbeitszeit angemessen ist. Die nächsten Teams beginnen um 12 Uhr mittags und um 15 Uhr zur besten Vesperzeit.
Es ist vermutlich eine gute Ernte und die Trauben müssen abgeliefert sein, bevor es Abend wird. Darum geht der Besitzer noch mal auf den Marktplatz und findet ein paar Nachzügler. Ob sie geschlafen haben, rumgehängt sind, vergeblich Arbeit gesucht haben, ob es Tagelöhner oder Tagdiebe waren, wird nicht gesagt. Auch diese Leute gehen mit in den Wengert. Für <u>eine</u> Stunde. Ob sich das überhaupt noch lohnt?
Soweit so gut. Die einen arbeiten halt viel und die anderen weniger. Die einen haben mehr auf dem Konto und die anderen sind ständig im Soll. Das Problem fängt erst an, als Zahltag ist. Im Stundenlohn wird abgerechnet, Arbeitseinheiten zusammengestellt. Das wäre zumindest korrekt. Aber von wegen. Alle bekommen dasselbe.
Die Schaffer und die Schlamper, die Fleißigen und die Faulen, die Tüchtigen und die Trägen. Die Mitarbeitervertretung würde Kopf stehen. Klar, dass die einen auf die Barrikaden gehen und sich massiv beschweren. Zwölf Stunden Arbeit unter heißer Sonne. Eigentlich hätten sie mehr verdient. Wenigstens eine Erschwerniszulage.

Der hat uns um den Lohn betrogen, ganz schön über den Tisch gezogen, ausgetrickst. Ungerecht! Das Leben ist nicht fair! Das Leben ist nicht fair! So hat es Herbert Grönemeyer gesungen, als er von einer glücklichen Zeit Abschied nehmen muss.
Die einen leiden unter dem Leben und die andern sind immer „oben." Sie kennen keine Probleme und machen immer einen zufriedenen Eindruck. Die einen strengen sich an, die anderen bekommen es nachgeworfen. Gesundheit, Geld und Glück, das ist irgendwie ungerecht verteilt. Da hilft auch nicht die Feststellung, dass der Lohn bezahlt wurde, der ausgemacht war. Nicht mehr, nicht weniger. Verträge werden eingehalten. Ein Arbeitsminister, der so Beschäftigungspolitik macht, könnte seinen Hut nehmen. Ein Unternehmer, der so großzügig mit seinem Geld umgeht und Lohntarife derart durchkreuzt, könnte seinen Betrieb zumachen.

So ein Arbeitsmarkt gehört dringend reformiert. Könnte dieses Gleichnis eine Lösung sein, gegen Schwarzarbeit und für gerechte Verteilung? Ist das die ICH-AG ohne soziale Absicherung und Garantie auf Weiterbeschäftigung? Die Gewerkschaften würden zur recht auf die Barrikaden gehen. Angemessener Lohn für geleistete Arbeit und nicht: Gleicher Lohn für alle.

Gut, man könnte überlegen, ob die „Kurzarbeiter" in der einen Stunde ebenso viel geleistet haben wie die anderen. Ob sie mehr Effizienz gezeigt, das bessere Arbeitsmodell hatten. Ausgeschlossen. Da müssten die „Langzeitarbeiter" schon elende Faulenzer gewesen sein.

Als der Besitzer abrechnet, bekommen alles das Gleiche. Heißt das etwa: Vor Gott, dem Gesetz und dem Sozialismus sind alle gleich? Dabei geht es gar nicht um Gleichmacherei. Es geht eher ums *Ver*gleichen. Wenn ich mich mit anderen vergleiche, beginnen die Probleme. Was bin ich? Was haben die anderen? Ich möchte gerne anders sein. Beliebter, fröhlicher, bewundert und ein gefragter Mensch. Warum habe ich nicht, was andere auch haben? Warum bin ich so und nicht anders.

Wer sich mit anderen vergleicht, wird entweder hochmütig oder verbissen. Er bekommt Minderwertigkeitsgefühle oder schaut auf andere herab. Da entsteht dieser „Persönlichkeits,- und Sozialneid." Es ist klar: Wer ständig an dem rummacht, was er nicht hat, der kommt nicht zur Ruhe. Wer ständig an sich herumnörgelt, der ist immer in Aufregung und auf der Suche nach Besserem.

Zufriedensein heißt ja nicht, dass ich mich auf meinem Glück ausruhe. Dass ich mich darüber freue, was ich habe und wer ich bin. Zufriedenheit bekomme ich auch dadurch, wenn ich mich über *das* freue, was der andere hat und was der andere kann. Nicht nur über das, was mir gegeben ist, auch über das, was dem anderen gegeben ist. Man findet sein eigenes Leben gleich viel schöner, wenn man aufhört, es mit dem Leben der Leute von nebenan zu vergleichen. *„Ich möchte gern so sein, wie Gott mich haben will, weil er mich so behandelt, als wäre ich schon so."*

Dieser Satz von Anne Frank zeigt uns den weiteren Weg. Dieses Gleichnis stellt alle Verhältnisse auf den Kopf. Kurze Zeit vorher hat einer die Frage gestellt: Jesus, was bringt uns das eigentlich, wenn wir mit dir durch die Gegend ziehen? Wir haben die Heimat verlassen und uns für ein Leben mit dir entschieden.

Was kommt dabei heraus? Jesus gibt die Antwort: Ihr bekommt ewiges Leben. Ihr werdet einen Platz haben in Gottes Neuer Welt. Das aber eins klar ist: Ihr bekommt das nicht, weil ihr euch anstrengt und euch Mühe gebt. Gott schenkt es euch. So wie er den Letzten den gleichen Lohn gegeben hat. So wie er dem zerlumpten und dahergelaufenen Sohn das Leben und das Zuhause neu gegeben hat.
Dieses Gleichnis stellt alle Verhältnisse auf den Kopf. Es ist eine „religiöse Revolution". In der Religion geht es ja um die Frage: Was muss ich tun, damit Gott gut und freundlich zu mir ist? Die einen mühen sich ab, damit sie ihr Leben verbessern, um dann in einem endlosen Kreislauf von Sterben und Wiedergeboren-Werden ins Paradies zu kommen. In einer Talk-Show hat eine Teilnehmerin den Satz gesagt: Ist das nicht herrlich, wir sind alle unsterblich. Möchte bloß wissen, woher diese Weisheit kommt. Auf der Suche nach dem Ewigen. Dafür kämpfen Menschen gegen das Böse und meinen, ihrem Gott einen Gefallen zu tun. Dafür hängen sie sich an sture Gesetze und sprengen sich mit anderen in den Tod. Was muss ich tun? Jesus dreht diese religiöse Frage um und sagt: Ich habe es für dich getan! Auch für den Letzten. Gott gibt das Mindeste und den Minderen gibt er auch das Minimum.
ER stellt den Minderbemittelten und den Gutbetuchten gleich.
So sieht die Abrechnung am Ende aus: Er gibt uns seine Liebe und Güte. Nicht weil wir jemand sind, sondern weil ER, Jesus Christus alles für uns ist.

AMEN

*31 Wenn aber der Menschensohn kommen wird in seiner Herrlichkeit, und alle Engel mit ihm, dann wird er sitzen auf dem Thron seiner Herrlichkeit, 32 und alle Völker werden vor ihm versammelt werden. Und er wird sie voneinander trennen, wie ein Hirt die Schafe von den Böcken trennt, 33 und wird die Schafe zu seiner Rechten stellen und die Böcke zur Linken. 34 Da wird dann der König sagen zu denen zu seiner Rechten: Kommt her, ihr Gesegneten meines Vaters, ererbt das Reich, das euch bereitet ist von Anbeginn der Welt! 35 Denn ich bin hungrig gewesen, und ihr habt mir zu essen gegeben. Ich bin durstig gewesen, und ihr habt mir zu trinken gegeben. Ich bin ein Fremder gewesen, und ihr habt mich aufgenommen. 36 Ich bin nackt gewesen, und ihr habt mich gekleidet. Ich bin krank gewesen, und ihr habt mich besucht. Ich bin im Gefängnis gewesen, und ihr seid zu mir gekommen. 37 Dann werden ihm die Gerechten antworten und sagen: Herr, wann haben wir dich hungrig gesehen und haben dir zu essen gegeben? oder durstig und haben dir zu trinken gegeben?*

*38 Wann haben wir dich als Fremden gesehen und haben dich aufgenommen? oder nackt und haben dich gekleidet? 39 Wann haben wir dich krank oder im Gefängnis gesehen und sind zu dir gekommen? 40 Und der König wird antworten und zu ihnen sagen: Wahrlich, ich sage euch: Was ihr getan habt einem von diesen meinen geringsten Brüdern, das habt ihr mir getan. 41 Dann wird er auch sagen zu denen zur Linken: Geht weg von mir, ihr Verfluchten, in das ewige Feuer, das bereitet ist dem Teufel und seinen Engeln! 42 Denn ich bin hungrig gewesen, und ihr habt mir nicht zu essen gegeben. Ich bin durstig gewesen, und ihr habt mir nicht zu trinken gegeben.*

*43 Ich bin ein Fremder gewesen, und ihr habt mich nicht aufgenommen. Ich bin nackt gewesen, und ihr habt mich nicht gekleidet. Ich bin krank und im Gefängnis gewesen, und ihr habt mich nicht besucht. 44 Dann werden sie ihm auch antworten und sagen: Herr, wann haben wir dich hungrig oder durstig gesehen oder als Fremden oder nackt oder krank oder im Gefängnis und haben dir nicht gedient? 45 Dann wird er ihnen antworten und sagen: Wahrlich, ich sage euch: Was ihr nicht getan habt einem von diesen Geringsten, das habt ihr mir auch nicht getan. 46 Und sie werden hingehen: diese zur ewigen Strafe, aber die Gerechten in das ewige Leben.*

Liebe Gemeinde!
Bestehe ich den letzten, den ultimativen Test? Falle ich um oder bleibe ich in der Spur? Bin ich draußen oder drinnen? Verliere oder gewinne ich das Unzerstörbare? „Ich kenne euch nicht!“ Du bist hier unerwünscht. Das trifft einen. Darum geht es im Predigttext am Ende des Kirchenjahres.

Es wird die Vollversammlung aller Nationen geschildert. Dass alle Völker am Ende aller Zeiten zusammenkommen, wird in der Bibel oft geschildert (Jes.25,6; Mt.8,11; Offenb.20,11) Der Kreis schließt sich: Die Entlassenen, die Fortgelaufenen und Ausgebürgerten kommen zurück. Die Gottfernen und die Gottessucher. Auf den ersten Seiten der Bibel wird berichtet, wie die vereinigte Menschheit ein Versammlungsverbot bekommt und aufgelöst wird:*„Also zerstreute sie der Herr über die ganze Erde“* (1. Mose11).
Nun werden die Menschen zum Rapport einbestellt. Was habt ihr gemacht in und mit eurem Leben? Was ist herausgekommen? Kann sich das sehen lassen, was ihr zustande gebracht habt? Diese Volksversammlung hat *nichts* zu tun mit einem euphorisch-begeisterten Menschheitsideal „Seid umschlungen Millionen; wir betreten feuertrunken, Himmlische, dein Heiligtum.“ Hier wird gezählt, gewogen, geprüft, rausgeworfen und eingebürgert. Vor aller Welt. Coram publico. Vor versammelter Mannschaft. Wie peinlich das sein kann, wissen wir, wenn Kinder vor anderen etwas ausplaudern, was eigentlich in der Familie hätte bleiben sollen. Hier lässt sich nichts mehr unter den Teppich kehren. Da wird nichts mehr im Sand verlaufen.
Weder bei den lammfrommen noch bei den bockigen Zeitgenossen. Wer ist draußen, wer ist drinnen? Ob das überhaupt ein *evangelischer* Text ist, was uns Matthäus da zumutet? Die Reformation hat uns doch diese eine klar gemacht: *Allein Christus, allein aus Gnade, allein durch den Glauben.* Das ist die Botschaft eines Luthers, der eben darunter gelitten hat und depressiv wurde, weil er ständig auf der Suche war, wie er Gott beeindrucken und zufrieden stellen kann. Gilt dieses Lösungswort nicht mehr: *Allein Christus, allein die Gnade, allein der Glaube?*
Muss man doch noch etwas von sich hinzutun? Wesentliches dazu beitragen, damit man vor Gott gut dasteht? Sozusagen mit meinen guten Werken den Sack zubinden? Wir könnten uns das, was im Text beschrieben wird, ja als eine große Konferenz vorstellen.

Es werden Arbeitsgruppen und Ausschüsse gebildet, die nachher wieder im Plenum versammelt sind. Die erste Arbeitsgruppe arbeitet am Thema: *Allein aus Glauben, allein aus Gnade.* Sie beschäftigt sich mit der Geschichte vom verlorenen Sohn. Wir kennen das ja: der junge Mensch verlässt sein Elternhaus. Er will von seinem Vater nichts mehr wissen und wie der Rest der Familie zurechtkommt, ist ihm egal. Von wegen gute Werke. Nur an sich hat er gedacht. Irgendwie wird das schon laufen. Als er in der Gosse und im Hinterhof der Gesellschaft landet, merkt er, dass es doch nicht so schlecht ist, wenn man seine Beine unter den Tisch des Vaters strecken kann.

Diese Geschichte endet ja, wie der Vater überglücklich sagt: „Dieser -gerade dieser Fahnenflüchtige und Dahergelaufene- mein Sohn war tot und ist wieder lebendig, er war verloren und ist wiedergefunden." Der Vater verlangt *keine* Wiedergutmachung des Schadens, keine Reparationen. Der Sohn muss *nicht* dafür bezahlen, was er verbockt hat. *Allein aus Gnade, allein aus Glauben.*

Der zweite Ausschuss beschäftigt sich mit der Bibelstelle: „ Der Glaube ohne Werke ist eine tote Sache." (Jak.2,17) Diese Gruppe hat einen Text von Lukas: „Ringet danach, dass ihr durch die Enge Türe hineingehet." (Lk.13,24) Glauben zum Nulltarif gibt es nicht. Es gibt keinen Untergrund-Glauben, der schweigt und sich vornehm zurückhält. Es kann sein, dass wir uns den Glauben etwas kosten lassen müssen.

Und es sind viele Christen auf dieser Welt, die für ihren Glauben an Jesus Christus mit Blut und Tränen zahlen. „An ihren Früchten sollt ihr sie erkennen", so stellt Jesus fest. (Mt.7,16) *Allein* aus Glaube. Ja. Aber Glaube muss lebendig sein, muss sich bewegen und bewähren. Glaube *und* Tun. Das ist das Ergebnis der zweiten Gruppe. So wie Gustav Werner eine „Rettungsanstalt" für verwahrloste und verwaiste Kinder gegründet hat. Hegler und Zeller eine solche in Lichtenstern.

Die dritte Gruppe ist wahrscheinlich die größte. Die meisten von ihnen besitzen keine Bibel. Sie sind weder evangelisch, katholisch, noch orthodox. Nicht getauft und nicht konfirmiert. Sie gehören keiner christlichen Kirche an und auch nicht der Diakonie. Ein paar von ihnen handeln nach der menschlichen Maxime: „Edel sei der Mensch, hilfreich und gut." Jeden Tag eine gute Tat. Andere sind darüber entsetzt, wie egoistisch die Menschen doch sind und sagen sich: Alle denken an sich, nur ich denk an mich! In dieser Gruppe sind *Werke und Taten* entscheidend. Hier wird nach dem beurteilt, was einer getan oder nicht getan hat. Die einen werden wegen vorbildlicher

Hilfsbereitschaft ausgezeichnet. Die anderen wegen unterlassene Hilfeleistung angeklagt. Das Ergebnis der drei Gruppe: Erstens: Allein aus Gnade, allein auf den Glauben kommt es an. Zweitens: Glaube heißt aber auch, dass ich mich in Bewegung setze. Drittens: Warum denn glauben? Ich kann auch so ein guter Mensch sein.
Richtig, der Glaube ist kein Museumsstück, das luftdicht in ein Vakuum verpackt wird. Da soll sich auch etwas tun. Es geht in unserem Text überhaupt *nicht* darum, dass wir gute Menschen werden. Dass Jesus Christus uns begegnet und wir uns an ihn halten. Im Glauben und in Werken. Darauf kommt es an. Der Glaube ist auch nicht so eine Art Ausbauhaus, das durch Fremdleistung (durch Gottes Gnade) und durch Eigenleistung (meine Werke) entsteht. Das wäre eine unzulässige Vermischung. Es bleibt dabei: *Allein aus Gnade.* Glaube und Werke. Das gehört zusammen und darf nicht getrennt werden.
Wie ist das mit diesen „Werken der Barmherzigkeit?“ Dem Hungrigen Essen geben. Dem Durstigen Trinken geben. Dem Fremden ein Zimmer zur Verfügung stellen. Den Heruntergekommenen Kleider schenken. Den Kranken besuchen. Den Gefangenen nicht allein lassen.
Haben wir denn nicht die „Schwäbische Tafel“ und eine Suppenküche?
Eine Unterkunft für Obdachlose steht bereit! In der Kleiderkammer steht Kleidung zur Verfügung! Wir haben Krankenhauspfarrer und Gefängnisseelsorger!

Alles gut geplant und durchorganisiert. Die Bedingungen sind erfüllt. Da braucht man kein schlechtes Gewissen haben. Da kann das Weltgericht kommen. Doch Vorsicht. Was für andere getan wird, darf keine Beruhigungspille sein. Kein Baldrian für die Seele. Und in erster Linie meint Jesus nicht die sozialen Werke, nicht die Spenden für soziale Zwecke und die Opfer für diakonische Dienste.

Interessant ist ja dieser Satz den Angesprochenen: „Herr, *wann* haben wir dir zu essen gegeben, *wann* haben wir dich bekleidet, *wann* haben wir dich besucht?“ Es ist ihnen nicht bewusst. Sie sind ganz überrascht von ihren guten Taten. Mit guten Werken lassen sich also keine Aktien für ein Leben nach dem Tod erwerben.
„Wenn du Opfer oder Spenden gibst, dann lass es nicht vor dir herposaunen... deine linke Hand so soll nicht wissen, was deine Rechte tut. So erklärt Jesus das Spendensystem. Höchstens das Finanzamt darf´s wissen.

Die ersten beiden Gruppen unserer Versammlung wissen vom Glauben. Sie kennen Gott und hören auf ihn. Sie machen ernst mit ihrem Glauben. *Allein aus Gnade, allein aus Glauben* gehören sie zu ihm.

Die dritte Gruppe weiß nichts vom Glauben an Jesus Christus.

Sie haben keine Bibel, wo sie das alles nachlesen könnten. Sie haben keinen christlichen Religionsunterricht besucht, waren nie oder selten in einem Gottesdienst. Ihnen begegnet Jesus sozusagen „inkognito", unter einem anderen Namen, in einer anderen Gestalt: Christus ist in der einsamen Stube der alten Frau. Er ist bei dem alten Mann zu finden, der seine Wohnung nicht mehr verlassen kann. Jesus Christus wartet in einem Krankenzimmer, bei dem Verzweifelten in der Klinik. Er verbirgt sich in dem Gestrauchelten der Gosse, beim Heruntergekommenen im Hinterhof.

Er ist das Opfer von Ungerechtigkeit und korrupter Macht. Jesus Christus bei den verfolgten Christen auf der Flucht, in den Kellern und Gefängnissen. Wer ihnen –egal wer- Gutes tut, zu dem sagt Jesus: Kommt her, ihr Gesegneten!

Solche Liebeswerke waren schon im A.T. geboten. In einer jüdischen Auslegung heißt es so: „Meine Kinder, wenn ihr Armen zu Essen gebt, so rechne ich es euch an, als ob ihr mir zu essen gegeben hättet." (5.Mose 15)

Dass Menschen sich suchen und besuchen. Denn - der Text zeigt es- wir können uns letzten Endes nicht von anderen Menschen davonstehlen, ihnen nicht für immer aus dem Weg gehen. Genauso wenig wie wir uns vor Gott aus dem Staub machen können. Es bleibt dabei: *Allein aus Gnade, allein aus Glauben* dürfen wir zu IHM gehören. Dieser Satz der Reformation gilt. *Ohne jeden Verdienst.* Es darf aber nicht dazu führen, „dass die meisten Menschen glauben, in einem Schlaraffenland zu sein, wo die Seligkeit einem in den Schoß fliegt." (Ricarda Huch, zitiert in Pöhlmann, Dogmatik S.265)

Sind die Evangelischen faul und träge, wenn es um ihr Heil geht? Was tun sie für das ewige Leben? Der im KZ hingerichtete Bonhoeffer spricht von einer „billigen Gnade". „Zum Glauben gehört auch Gehorsam dazu. Es muss etwas daraus folgen. Sonst ist Glaube frommer Selbstbetrug." (dto.S.266) Glaube ohne Nachfolge ist eine tote Sache. Man hört ja immer wieder die Aussage, dass man nicht in die Kirche gehen braucht, um ein Christ zu sein. Da ist vielleicht was dran. Nach unserem Text aber soll es ein solch privates Christ-Sein nicht geben. Glaube geht zu den anderen. Und wer noch einigermaßen zu Fuß ist, braucht seinen Glauben nicht in vier Wände einschließen.

Durch die Begegnung mit Jesus Christus haben sich Menschen immer wieder anstecken lassen, ihn zu suchen. Nicht im „rechten Glauben“ oder großartigen Liturgien. Nicht nur in Gedanken, sondern auch und gerade in „Werken und Taten.“ Christus befähigt uns und traut uns solch „gute Werke“ zu. Worte und Taten, die nicht „auf unserem Mist gewachsen“ sind.

AMEN

auf dem Campingplatz Breitenauer See

Obwohl ich heute nur die Predigt halte, habe ich meine Dienstkleidung angezogen, denn nachher wird die kleine Maja Sophie getauft. Und weil eine Taufe mehr ist als eine Dienstleistung, nennt man das, was ich trage auch Amtskleidung.
Das Anspiel hat mir das Thema zur Predigt gegeben: Die vier Elemente. Und das spritzigste und erfrischenste davon ist das Wasser. Ich werde aber keine elementare, stürmisch und hoffentlich auch keine verwässerte Predigt halten. Und ich wünsche, dass wir beide etwas mit der Predigt machen: Ich halte sie und Sie *be*halten sie.

Der Mensch und das Meer. Das war schon immer eine Schicksalsgemeinschaft: Ohne Wasser gibt es kein Leben. Doch Wasser bedroht auch das Leben. Im ständigen Kampf der Gezeiten –Tiefwasser und Hochwasser, Ebbe und Flut- haben die Küstenbewohner es gelernt, das Meer in die Grenzen zu weisen und so Leben und Land zu schützen. Als die Menschen angefangen haben, Deiche und Dämme zu bauen, waren diese Schutzwälle gerade mal 1-2 Meter hoch. Heute haben solche Dämme eine Höhe bis zu 12 Metern. Und ein Spaziergang auf der Deichkrone ist eine interessante Sache. Frische Seeluft, freie Atemwege und das Gefühl von Weite und Ferne. Anders sieht es aber aus, wenn eine Sturmflut hereindrückt und die hochgepeitschten Wellen über den Damm schwappen. Wenn „Land unter" ist und man den Boden unter den Füßen verliert.
Man sagt zwar, dass Menschen, die am Wasser leben, gemütlicher und gelassener sind als Bewohner der Berge. Doch wie schnell es mit der Gemütlichkeit vorbei sein kann, zeigen Bilder von Überschwemmungen, überfluteten Straßen und Städten. Gewaltige Wassermassen, die vor nichts halt machen. Kubiktonnenschwere Fluten, die Häuser und Hoffnungen wegspülen.
So geht es heute Morgen nicht um einen beschaulich-idyllischen Spaziergang am See. Auch nicht um eine romantisch-spaßige Bootsfahrt. Es geht eher um die Frage: Ersticken wir am Leben, werden wir fortgerissen, haltlos den Boden verlieren oder das Leben gewinnen? Gehst aufs offene Meer oder haben wir Halt in einem Rückhaltebecken wie hier am aufgestauten Breitenauer See?

*35 Am Abend dieses Tages sagte Jesus zu seinen Jüngern: "Lasst uns über den See ans andere Ufer fahren!" 36 Sie schickten die Menschen weg und ruderten mit dem Boot, in dem Jesus saß, auf den See hinaus. Einige andere Boote folgten ihnen. 37 Da brach ein gewaltiger Sturm los. Hohe Wellen schlugen ins Boot, es lief voll Wasser und drohte zu sinken. 38 Jesus aber schlief hinten im Boot auf einem Kissen. Da rüttelten ihn die Jünger wach und schrien voller Angst: "Herr, wir gehen unter! Merkst du das nicht?"*

*39 Sofort stand Jesus auf, bedrohte den Wind und rief in das Toben des Sees: "Sei still und schweig!" Da legte sich der Sturm, und es wurde ganz still. 40 "Warum hattet ihr solche Angst?", fragte Jesus seine Jünger. "Habt ihr denn gar kein Vertrauen zu mir?" 41 Voller Entsetzen flüsterten die Jünger einander zu: "Was ist das für ein Mensch! Selbst Wind und Wellen gehorchen ihm!"*

Wir befinden uns am See Genezareth. Dort hat sich Jesus gerne aufgehalten, ein beliebter Treffpunkt der Menschen. Wer bei „See“ an den Bleich,- oder Breitenauer See denkt, liegt falsch. Das ist eher was für Spaziergänger und Schlittschuhläufer.

Der See Genezareth wird auch das „galiläische Meer“ genannt und misst 20 KM in der Länge und 12 KM in der Breite. Da ist der Breitenauer See mit seinen 1,5x05 KM eher bescheiden. Durch die besondere Lage –der See liegt 200 M. *unter* d.M. und ist von hohen Bergen umgeben- kann hier von einer Minute auf die andere Sturm aufkommen. Wer mit dem Boot auf diesen See geht, muss von Seefahrt und Nautik ein wenig Ahnung haben. Es konnte eine gefährliche Sache sein, so eine Bootsfahrt.

Es war am späten Nachmittag, als sie abgelegt haben. Vielleicht wollten sie nur ein wenig Ruhe und Entspannung. So viele Menschen und Meinungen, so viele Fragen und Stimmen. Das andere Ufer des Sees, das war ihr Ziel.

Was sie gefunden haben, das war das „andere Ufer des Glaubens.“ Die andere Erfahrung des Glaubens. Was sie bis jetzt gesehen und erlebt haben, das war gut. Heilungen und gesunde Menschen, Aufbruchsstimmung, die alten Sachen über Bord werfen und Neues anfangen, interessante Gleichnisse und gute Erkenntnisse.

Das hört sich gut an, die Sache mit dem Glauben. Das war sozusagen die Theorie. Jetzt kommt die Praxis. Das Gehörte wird zum Erlebten. Draußen auf dem See. Das Leben muss sich bewähren. Da kann es sein, dass wir plötzlich den Boden unter den Füßen verlieren, alles geht drunter und drüber.

Man bekommt eine Schieflage, Probleme türmen sich auf. Man sieht keine Lösung, keinen Ausweg. Da kann es sein, dass sich von einem Moment auf den anderen das Leben ändert. Das Gewohnte und Vertraute wird fremd und bedrohlich. Man sieht kein Land mehr. Das Wasser steht einem bis zum Hals. Oft müssen wir „zurückrudern," wenn wir nicht durchkommen mit unseren Plänen und Zielen. Der Sturm als der Ernstfall des Lebens. Der Sturm, die Krise als die Chance des Lebens.

Dann wird es sich bewähren, was wir für wahr halten, woran wir glauben, worauf wir uns verlassen. Wenn wir verlassen sind – auf wenn können wir uns dann verlassen? Hoffentlich entdecken wir diesen, den die Bootsleute bis jetzt auch noch nicht so richtig entdeckt und wahrgenommen haben. Diesen, der im Sturm seelenruhig schläft. Wer bist du, du in unserem Boot? Wer bist du, du in meinem Leben? Komm, und sieh dir die Gefahr und den Schlamassel an. Komm und sieh dir mein Leben an! Bring es aus der Gefahrenzone, gib mir den Glauben an das Morgen. Gib mir Sicherheit, wenn ich den Halt verliere.

*Gib mir 'n kleines bisschen Sicherheit, in einer Welt, in der nichts sicher scheint....nimm mir ein bisschen Geschwindigkeit. Gib mir was, irgendwas, das bleibt.*
(Silbermond)

Bestimmt haben die Jünger den Kopf geschüttelt: Wie kann man nur schlafen, wenn alles drunter und drüber geht? Wie kann man ruhig bleiben, wenn so viel Unruhe ist um uns herum? Es ist nicht der Schlaf des Gerechten, der träumt, wenn neben ihm die Welt in Trümmer geht. Es ist die Ruhe und Gelassenheit eines Menschen, der weiß, dass ohne Gott nichts geht und gegen ihn erst recht nicht. Wenn wir uns selber Hektik, Stress und Unruhe machen, hilft alles Rudern und Schreien nichts.

Das Schiff in Seenot – damals waren es wohl große Boote- ist auch ein Symbol für die Kirche, ein Bild für die christliche Gemeinde. „Ein Schiff, das sich Gemeinde nennt." Das ist keine Bootsfahrt, die immer lustig und schön ist. Schon früh haben die ersten Christen dieses Bild vom Schiff benutzt. Christus der Steuermann. Manchmal bis in Kleinigkeiten gedeutet: Der Mastbaum ist das Kreuz, das Segel ist die Liebe, die Apostel sind die Ruderer. Bis hin zum „Kirchenschiff."

Und man könnte rum überlegen, welcher Art denn dieses Schiff Gemeinde ist:

Ein stolzer Segler, der unbeirrt seine Route macht, eine flotte Windjammer, die schnell am Horizont verschwindet, ein Luftkissenfahrzeug, das sich aufbläst und mit viel Getöse vorbeizieht? Ein Handelsschiff, ein Passagierdampfer?

Oder eher so ein kleiner Nachen, der mit Wind und Wellen zu kämpfen hat? Wie würden Sie ihr „Schiff Gemeinde“ malen? Und wie sieht es mit der Crew aus? Wie ist die Besatzung beschaffen, wie ist die Mannschaft in Form? Wer ist Kapitän, und wer Steuermann? Wer Bootsmann, Matrose und Maschinist? Die Smutjes jedenfalls sind in diesem Moment in der Kombüse. Sind die Aufgaben gut verteilt im Team der Kirche Unterwegs? Die Geschichte der Kirche: ein Schiff zwischen Schaukeln und Schwanken, zwischen Ruhe und Beschaulichkeit, zwischen Abwegen und Kurskorrektur. „Ein Schiff, das sich Gemeinde nennt, fährt durch das Meer der Zeit. Das Ziel, das ihm die Richtung weist, heißt Gottes Ewigkeit.“ (EG 595)

Ein Ziel vor Augen, Gottes neue Welt, darauf kommt es an. Das ist christliche Seefahrt. Damit es nicht so geht, wie es Udo Jürgens einmal gesungen hat: *Wir haben alles im Griff auf dem sinkenden Schiff! Volle Kraft voraus auf das nächstbeste Riff! Alles im Griff auf dem sinkenden Schiff.*

Wer meint, dass er alles im Griff hat, muss aufpassen, dass er eines Tages nicht mit leeren Händen dasteht und auf dem Trockenen sitzt. Als vor nahezu 100 Jahren (14.4.1912) der angeblich unsinkbare Ozeanriese „Titanic“ in zwei Teile zerbrochen und im Nord-Atlantik versunken ist, hat, so wird es überliefert, die Schiffsband in den letzten Minuten statt Ragtime ein Kirchenlied gespielt. Nicht lange vor dieser Katastrophenfahrt wurde der Bandleader von einem Freund gefragt, was er tun würde, wenn er auf einem sinkenden Schiff wäre? *Ich denke, ich könnte nichts Besseres spielen als „Näher, mein Gott zu dir!“* war seine Antwort. Vielleicht hört sich das etwas verklärt und großartig an. Und im Film sehen und hören wir vor der Kulisse eines sinkenden Schiffes eine gewaltige Hymne. *„My Heart will go on.“ Mein Herz wird weitergehen.* Im letzten Augenblick wissen wir anscheinend, wohin die Reise geht.

Die Jünger im Boot standen nicht an der Reling und träumten auch nicht davon, dass ihr „Herz nun weitergeht.“ Da war es aus mit der Seefahrtromantik. Sie sind erschrocken. Ganz gewaltig. Zitternd und klein fragen sie: Wer ist doch dieser?

Jesus hat ja nicht einfach ihre Seele beruhigt oder gesagt: Ihr schafft das! Er hat eine reale Gefahr beseitigt. Er hat nicht die Person, er hat die Verhältnisse geändert. Ein Gott, der Menschenherzen bewegt, der kann auch Wellen lahm legen. Wer ist dieser? Sie sagen nicht: Jetzt wissen wir es! Jetzt ist es bewiesen. Jesus hat die Antwort gegeben. Unsere Frage bleibt.

Wer ist eigentlich dieser Jesus? Kennen wir ihn? Vom Hören-Sagen, aus der Theorie? Oder lassen wir uns ein auf ein Leben mit ihm? Selbst auf die Gefahr hin, dass unser Leben dann in Ordnung kommt. Warum tanzen und jubeln die Jünger nicht? Warum reißen sie nicht die Arme in die Höhe? Kein religiöser Höhenflug. Sie haben mehr gefunden als eine Zufriedenheit an der Oberfläche oder ein momentanes Glücksgefühl. Diese Begegnung sitzt tiefer. Diese „Furcht" der Erkenntnis, diese „Gottesfurcht" ist größer als die Angst der Gegenwart.

Fragen wir nicht ängstlich „Wer bin ich? Was und wo bin ich?" Fragen wir IHN: Wer bist du? ER sitzt in unserem Boot und will unser Leben in ruhiges Fahrwasser bringen. Trauen wir Ihm das ruhig zu. ER setzt in unserem Leben die richtigen Positionslichter, damit wir nicht ins Uferlose abdriften.

Wir sind nicht in eigener Sache unterwegs. Die Kirche ist nicht unser Schifffahrtunternehmen. ER, der lebendige Herr ist Schiffseigner und Reeder. Wir sind höchstens kleinere Partikulierer. Alles klar? Oder anders gesagt: Wir sind Teilhaber an Seiner Sache.

„Die Sach´ ist dein Herr Jesu, Christ, die Sach`, an der wir stehn und weil es deine Sache ist, können wir ruhig schlafen gehen…"

AMEN

beim Hofgottesdienst auf dem Breitenauer Hof in Löwenstein

Heute Morgen darf ich Sie zu einer Hochzeit einladen, die ihr nahezu 2000-jähriges Jubiläum feiern kann:

*1 Am dritten Tag wurde in Kana in Galiläa eine Hochzeit gefeiert. Die Mutter von*
*Jesus war dabei, 2 und auch Jesus war mit seinen Jüngern dazu eingeladen. 3 Als der*
*Weinvorrat zu Ende war, sagte seine Mutter zu ihm: »Sie haben keinen Wein mehr!«*
*4 Jesus erwiderte ihr: »Frau, das ist meine Sache, nicht deine! Meine Stunde ist noch*
*nicht gekommen.« 5 Da wandte sich seine Mutter an die Diener und sagte: »Tut alles,*
*was er euch befiehlt!« 6 Im Haus standen sechs Wasserkrüge aus Stein, von denen*
*jeder etwa hundert Liter fasste. Man brauchte sie wegen der Reinigung, die das*
*Gesetz vorschreibt. 7 Jesus sagte zu den Dienern: »Füllt diese Krüge mit Wasser!«*
*Sie füllten sie bis an den Rand. 8 Dann befahl er ihnen: »Jetzt nehmt eine Probe*
*davon und bringt sie dem Mann, der für das Festessen verantwortlich ist.«*
*Sie brachten ihm eine Probe, 9 und er kostete das Wasser, das zu Wein geworden*
*war. Er wusste nicht, woher dieser Wein kam; nur die Diener, die das Wasser*
*geschöpft hatten, wussten es. Er rief den Bräutigam zu sich 10 und sagte: »Jeder*
*bringt doch zuerst den guten Wein auf den Tisch, und wenn die Gäste schon reichlich*
*getrunken haben, folgt der schlechtere. Aber du hast den guten Wein bis zuletzt*
*aufgehoben!« 11 So vollbrachte Jesus in Kana in Galiläa sein erstes Wunderzeichen*
*und offenbarte seine Herrlichkeit. Und seine Jünger kamen zum Glauben an ihn.*

Liebe Hof-, und Festgemeinde!
Erinnern sie sich noch an den Weinskandal in der 80-ziger Jahren? Wein aus einem Nachbarland wurde mit einem Zusatz versehen, der eigentlich als Frostschutzmittel gedacht ist. Damals hat man oft von Autofahrern gehört, dass sie die Riesling-Auslese auch in den Kühler ihres Autos füllen könnten. Zu dieser Zeit ist auch die Frage aufgekommen: Wie sagen die Italiener, wenn sie Wein trinken? „Zum Wohl!" Der Österreicher sagt: „Glykol." Und der Deutsche sagt: „Leb wohl!" Nun, so schlimm ist es doch nicht gekommen. Aber einige Hersteller und Händler hat es an Renommee gekostet. Masse statt Klasse, das war der Fehler. Quantität statt Qualität, ein fataler Fehler. Doch von Jesus kann man eigentlich nicht sagen, dass er Wein gepanscht hat.

Im Gegenteil: Er hat aus normalem Wasser einen edlen Tropfen kreiert. Der versteht sein Handwerk. Ein Kellermeister der besonderen Güte. Da macht ihm keiner was vor und erst recht macht ihm das keiner nach. Oder geht das doch?
Aus Wasser Wein. Das kann´ s ja nicht nur gewesen sein. Der Breitenauer See fasst 3 Millionen KM3 Wasser. Wenn das drei Milliarden Liter Wein wären, könnte Deutschland lange davon trinken. Aus Wasser Wein. Das allein kann´ s ja nicht gewesen sein. Da wäre Jesus etwas gelungen, wonach die Alchimisten schon lange gesucht haben. Die Verwandlung von unedlem Stoff in edle Materie. Eine Mega-Mutation. Und wenn dieser Wandlungsprozess –so die Alchimisten- noch mit Rotwein vermischt wird, dann hätten die das Mittel gegen jede Krankheit und auch gegen das Altwerden gefunden. Wohlgemerkt: hätte. Doch Jesus ist ja kein Spieler, Gaukler, Zauberer oder Zocker. Er ist auch nicht wie der Weingott Dionysos oder Bacchus, deren Anhänger ausschweifende Weingelage veranstaltet haben.
Allerdings wird in dieser Geschichte auch davon gesprochen, dass die Gäste „trunken," –oder je nach Übersetzung- angeheitert, betrunken oder angetrunken waren. Ein fröhliches, ausgelassenes Fest mit Jesus als Stimmungskanone. So nach dem Motto: „Schütt die Sorgen in ein Gläschen Wein." Nein, das kann´ s ja auch nicht sein.

Das Ganze fängt mit einer Hochzeit an. Und manche Tragödien und Dramen fangen mit einer Hochzeit an. Doch Jesus ist kein Dramaturg und auch kein Komödiant.
Sehen wir es einfach so: Das Leben beginnt mit einem Fest. Unser Leben sei ein Fest! Und dieses Fest hier hat etwas Besonderes. Der Vergleich mit einer Hochzeit kommt in der Bibel öfter vor. Gott lädt uns ein zu seinem Fest. Und wenn ein Fest ist, sollen keine trüben Gedanken die Stimmung vermiesen. Auch der Wein kommt in der Bibel oft vor. Er ist sozusagen der ultimative Genuss, wenn Gott seine Menschen versammelt hat. Ein Gipfelgetränk. „Der Herr wird allen Völkern ein Mahl richten. Ein Festmahl mit markigen Speisen und alten, erlesenen Weinen," so spricht Jesaja über die Zukunft. (25,6) Ein anderer Prophet sagt: „Da werden die Berge vor triefen"
vor Wein (Amos 9,13). Doch nun geht auf dieser Hochzeit in Kana der Wein zur Neige. Und die nächste Winzergenossenschaft ist sicher weit weg. Die Mutter bekommt den Mangel mit und meint: Junge – nun mach mal. Deine große Chance auf ein großes Wunder.

Doch zuerst will Jesus davon nichts wissen. Schließlich haben sie schon genug getrunken. Aber vielleicht haben sie was getrunken, was Kopfschmerzen und Magendrücken bereitet. Einen sauren Saft, der die Sinne vernebelt und die Wahrnehmung bremst. Sicher haben sie was zu sich genommen, was dem Leben nicht gut tut. „Saura Semsakrebsler." Jetzt lieber Wasser statt Wein würde der Vernünftige sagen. Doch Jesus meint: Wein statt Wasser. aber diesmal was rechtes.

Sechs Wasserkrüge stehen rum. Keine Vierteleskrügle oder Schoppen. Jeder dieser Krüge hatte ein Fassungsvermögen von 80-90 Litern. Doch eigentlich waren das keine Weinkrüge sondern was wie Weihwasserbehälter. Zur rituellen Reinigung bestimmt: Vor dem Essen und vor dem Beten Hände und Gesicht waschen! Dafür waren sie bestimmt. Doch nun wird aus diesem heiligen Wasser profaner Wein. So ca. 500-600 Liter. Wein im Überfluss. Weinschwemme. Außerdem war es nach orientalischer Sitte üblich, dass so eine Hochzeit sieben Tage gedauert hat. Da brauchte man schon Material. Auch in Württemberg war das nicht ganz unbekannt. Als Herzog Johann Friedrich 1609 geheiratet hat, waren 9000 Menschen geladen, die 1400 Eimer Wein geleert haben. Immerhin 400 000 Liter.

Doch der Bräutigam wird vom Kellermeister, vom Sommelier zur Rede gestellt: Falsche Reihenfolge. Erst kredenzt man den guten Wein und dann erst den Tafelwein. Wie ist das bei einer Weinprobe? Da kommt doch auch die Spätlese erst nach dem Qualitätswein. Oder? Also hat es Jesus doch richtig gemacht: Das Beste kommt zum Schluss.

Sicher geht unsere Geschichte in diese Richtung: das Beste kommt noch. Dann, wenn alles andere abgestanden ist. Wenn das Andere schal schmeckt und trübe geworden ist. Vielleicht ist dieses Ereignis ja gar kein Wunder, sondern ein Gleichnis für das Leben. Dann geht es gar nicht um den Wein, dann geht es um mein Leben. Dann geht es nicht mehr um den Wein. Dann geht es um das Weinen, das Leben und das Glücklichsein. Denn ich frage mich: Wem bringt denn dieses Wunder etwas?

Bei anderen Wundern wurden Menschen geheilt. Blinden wurden die Augen geöffnet. Stumme hat er zum Sprechen gebracht. Phlegmatikern hat er Beine gemacht. Lebensgeschichten hat Er ins Reine gebracht und Menschen versöhnt.

Doch – was bringt eigentlich dieses Wunder? Außer dass Jesus die Weinpreise kaputt gemacht hat und der Wirt ein Schild anbringen muss: Wein*w*andlung statt Wein*h*andlung.

Und es kann sein, dass die Festgesellschaft etwas von diesem tieferen Sinn merkt. Den Dahindämmernden dämmert etwas: ER will uns mehr geben, als nur das Glas noch mal voll machen. Viele haben sowieso davon den Hals voll. Manche sind wie besoffen von der Gier nach mehr. Benebelt nicht vom Alkohol, benebelt von Fun, Unterhaltung und Spaß. Nein – Jesu will den Spaß nicht verderben. Darum feiert er ja mit. Er predigt nicht Wasser und trinkt Wein. Er gibt Wein. Er gibt Leben reichlich.

Diese Wasser-Wein-Wandlung kann ja auch meinen: ER gibt meinem Leben Geschmack. ER gibt dem Leben Farbe. Nicht die durchsichtige Farbe von Wasser.
ER gibt mehr als diesen nichts sagenden Nicht-Geschmack von Wasser. Er bringt Geschmack und Farbe in den Alltag. So eine persönliche Note, die auch manche Weine haben. Die einen haben eher eine herbe Note, die anderen gleichen eher einem lieblich-fruchtigen Tropfen. Die einen mögen es blumig, die anderen haben eine trockene Art ohne viel Beiwerk. Die einen sind lange gereift, die anderen noch jung und spritzig.
Und welcher Weintyp sind sie? Sind sie ein rassiger Riesling oder eher ein schwermütiger Samtrot? Eher eine schwere Sorte oder von der leichten Art? Ist ihr Leben farbintensiv oder unscheinbar? Feinwürzig, kräftig, bodenständig bis zuweilen derb? Weinwandlung: Jesus will nicht, dass wir uns mit einem farblosen Leben zufrieden gaben. Dass wir nicht auf der alten Hefe sitzen bleiben, sondern uns an Neues wagen. Sowie die Wengerter Löwensteins „im Jahr 1949 durch Erfrieren der Weinberge kein Einkommen hatten und fast mittellos dastanden...." Und trotz dieser finanziell ungünstigen Lage beschloss die Winzergenossenschaft den Neubau eines Keltergebäudes." So berichtet es die Chronik.(Chronik S. 284, 288)
So möchte dieses Ereignis sagen: feiert nicht das alte Fest weiter nur etwas lauter und etwas schriller. Feiert ein neues Fest. ER selber –Jesus Christus ist der Gastgeber.

AMEN

Jesu Kreuzigung und Tod

*16b Sie nahmen ihn aber 17 und er trug sein Kreuz und ging hinaus zur Stätte, die da heißt Schädelstätte, auf Hebräisch Golgatha. 18 Dort kreuzigten sie ihn und mit ihm zwei andere zu beiden Seiten, Jesus aber in der Mitte. 19 Pilatus aber schrieb eine Aufschrift und setzte sie auf das Kreuz; und es war geschrieben: Jesus von Nazareth, der König der Juden. 20 Diese Aufschrift lasen viele Juden, denn die Stätte, wo Jesus gekreuzigt wurde, war nahe bei der Stadt. Und es war geschrieben in hebräischer, lateinischer und griechischer Sprache.*

*21 Da sprachen die Hohenpriester der Juden zu Pilatus: Schreib nicht: Der König der Juden, sondern dass er gesagt hat: Ich bin der König der Juden. 22 Pilatus antwortete: Was ich geschrieben habe, das habe ich geschrieben. 23 Als aber die Soldaten Jesus gekreuzigt hatten, nahmen sie seine Kleider und machten vier Teile, für jeden Soldaten einen Teil, dazu auch das Gewand. Das war aber ungenäht, von oben an gewebt in einem Stück. 24 Da sprachen sie untereinander: Lasst uns das nicht zerteilen, sondern darum losen, wem es gehören soll. So sollte die Schrift erfüllt werden, die sagt (Psalm 22,19): »Sie haben meine Kleider unter sich geteilt und haben über mein Gewand das Los geworfen.« Das taten die Soldaten.*

*25 Es standen aber bei dem Kreuz Jesu seine Mutter und seiner Mutter Schwester, Maria, die Frau des Klopas, und Maria von Magdala. 26 Als nun Jesus seine Mutter sah und bei ihr den Jünger, den er lieb hatte, spricht er zu seiner Mutter: Frau, siehe, das ist dein Sohn! 27 Danach spricht er zu dem Jünger: Siehe, das ist deine Mutter! Und von der Stunde an nahm sie der Jünger zu sich. 28 Danach, als Jesus wusste, dass schon alles vollbracht war, spricht er, damit die Schrift erfüllt würde: Mich dürstet. 29 Da stand ein Gefäß voll Essig. Sie aber füllten einen Schwamm mit Essig und steckten ihn auf ein Ysoprohr und hielten es ihm an den Mund.*

*30 Als nun Jesus den Essig genommen hatte, sprach er: Es ist vollbracht!, und neigte das Haupt und verschied.*

Liebe Gemeinde!

Dass er einen Toten aus dem Tod befreit hat, das hat ihn das Leben gekostet. (Joh.11,47ff) Als er den Lazarus aus seiner dunklen Todesgruft, aus seiner finsteren Hoffnungslosigkeit herausgeholt hat, da war das Maß voll. Von nun an stand Jesus auf der schwarzen Liste der Hohepriester. Er sollte sterben. So hat es das geheime Gericht beraten und beschlossen. (11,53). Die politische Ordnung und die religiöse Verfassung müssen gewahrt bleiben. Wenn die Botschaft Jesu –so die Überlegungen der selbsternannten Rechtssprecher- auf das Volk übergreift, werden die Römer nervös und unsere Sicherheiten werden unsicher. Während dieser verborgenen Verhandlung wurde der bemerkenswerte Satz ausgesprochen: „Es ist besser, dass *einer für alle* stirbt, damit nicht das ganze Volk umkommt." Ein Sündenbock muss her. In dieser Thematik und Tradition kennen sie sich aus. Es war bei den alten Israeliten Sitte, dass sie am Versöhnungstag ein Lamm in die Wüste jagen.

Ein Zeichen dafür, wie die Sünde und die Last weggetragen wird. (3.Mose.16,22)

„Siehe, das Lamm Gottes, das die Sünden der Welt wegträgt." So hat es einer über Jesus gesagt, der sich im Alten Testament ausgekannt hat. (Joh.1,29.36)

Viele Kirchenlieder nehmen diese Vorstellung auf: „Ein Lämmlein geht und trägt die Schuld.....Christe, du Lamm Gottes, der du trägt die Sünd` der Welt... „Einer für alle" und ein-für-allemal, so wird das Urteil über Jesus gesprochen. ER trägt die Verfehlung, die Gottesferne in die Wüste. Von diesem Hohen Geheim-Rat wird Jesus auf die Fahndungsliste gesetzt. Wer ihn sieht oder seinen Aufenthaltsort kennt, soll ihn anzeigen. (Joh.11,57). Zusammen mit seinen Jüngern –so berichtet Johannes- zieht sich Jesus in eine abgelegene Wüstenstadt zurück, meidet die Öffentlichkeit.

Ist es Angst vor der Ordnungsmacht? Will er andere Pläne schmieden? Rückzug, weil der Widerstand zu groß, die öffentliche Meinung gegen ihn ist? Weg von diesem heißen Pflaster? In einer Nacht –u. Nebelaktion haben sie ihn festgenommen und früh am Morgen zum Verhör gebracht. Jesus weiß genau, was auf ihn zukommt. Der Weg nach draußen vor die Tore der Stadt bleibt ihm nicht erspart. Ja, er will ihn bewusst gehen. (Joh.12,27.33; 16,28;18,4)

Auf diesem Weg trägt Jesus sich selber sein Kreuz. So entspricht es der römischen Hinrichtungsordnung, dass der Verurteilte den Querbalken des Kreuzes selber trägt. Keiner da, der ihm das Kreuz abnimmt. Keiner, der mit ihm die Last teilt. Kein Christusträger da, der ihn über den Abgrund trägt und schultert.

Jesus behält die Initiative. Nur dieser Eine ist es, der diesen Weg geht. Vor die Tore der Stadt. Außerhalb der Gesellschaft. Auf diesen Hügel draußen. Ort des Todes. Aus mit Diskussionen. Die Stille des Sterbens. Aus mit dem Lärm und der Unruhe des Lebens. Von den beiden Mitgekreuzigten erfahren wir hier nichts Näheres. Doch Jesu Anklageschrift wird veröffentlicht. Solche Tafeln wurden den Verurteilten vorausgetragen oder ihnen um den Hals gehängt. I.N.R.I. Jesus Nazareos Rex Judaios. Jesus, König der Juden. In drei Sprachen. In der (einfachen) Landessprache, der (gehobenen) Verwaltungssprache Latein und in der Weltsprache Griechisch.

Was hier in dieser judäischen Provinz passiert, bekommt weltumspannende Bedeutung. Nicht nur der Messias der Juden. Retter der Welt! Es wird *übersetzt.* Den Fremden und Ahnungslosen, den Zuschauern und Vorübergehenden. Jeder soll es lesen. Das Protokoll der Verurteilung. Pilatus nimmt keine Rücksicht auf den Einwand, dass dies keine offizielle Feststellung, sonder nur die Privatmeinung Jesu ist. Zu oft hat er schon auf sie Rücksicht nehmen müssen. Sie haben ihm die Verurteilung regelrecht erpresst. Er will sich dem Druck der Einflussreichen nicht mehr beugen. Er bleibt bei seiner Meinung. Was geschrieben ist, ist geschrieben!

Dieser römische Statthalter Pilatus, Gouverneur einer fremden Besatzungsmacht war bestimmt kein religiöser Insider, die Texte und Überlieferungen des Alten Testaments waren ihm unbekannt. (18,35) Und trotzdem hat er geahnt, was hier vor sich geht. Ein Außenseiter begreift etwas vom Geheimnis Gottes. Es gibt keinen Einspruch gegen die Wahrheit.

Um das Kleidungsstück Jesu wird gewürfelt. Das ist nicht nur ein pietätloses Stück robuster Soldaten. Das „Gewand des Erlösers“, Bücher und Filme hat es hervorgebracht. Der Verfasser Johannes erwähnt es, weil hier etwas Altes in Erfüllung geht. Es ist aus Psalm 22: „Sie teilen meine Kleider und werfen das Los um mein Gewand.“ Hier passiert nichts Zufälliges oder Sinnloses. Es ist alles genau vorgezeichnet. Johannes liebt die Feinheiten, die Details und das Leise. So sind die Menschen unter dem Kreuz nicht einfach eine Ausstattung, weil einfach eine Kreuzigungsgruppe dazugehört. Er hat einen tieferen Sinn, der letzte Wille Jesu. Dein Sohn! Deine Mutter! Die Mutter ist die Vertreterin der Judenchristen und der sogenannte Lieblingsjünger ist der Vertreter der Nicht-Juden, die zu Jesus gefunden haben. Sie alle sollen zusammenfinden. So wie Jesus schon vorher gebetet hat:

Damit sie alle eins seien. (Joh.17,11c) Die Einheit der Kirche als Jesu Wille ist in dieser Szene dargestellt. Das Kreuz – doppeldeutig ist es. Wir finden es auf den Gräbern als Zeichen des Todes. Das Kreuz als Zeichen des Auferstandenen. Sieg über den Tod! Scheitern oder Siegen. Niederlage oder Triumph. Menschen, die „zu Kreuze kriechen." Gedemütigte Menschen, die ihrer Persönlichkeit beraubt sind. „In diesem Zeichen wirst du siegen," so wird es vom Kaiser Konstantin berichtet. Menschen die siegen und nach vorne marschieren.

„Verflucht ist, wer am Kreuz hängt," dieses Urteil steht auch in der Bibel. (Galater 3,23, 5.Mose 21,22) Jesus ist diesem Urteil und dem Kreuz nicht ausgewichen. Und gerade in der Tiefe des Verbrechertodes hat er seine Größe gezeigt. Ein „gekreuzigter Gottes Sohn." Welch ein Unsinn! Mit dieser Meinung wird sich später ein Paulus auseinander setzen müssen. Dem Kreuz möchte man aus dem Weg gehen. Gerade dem gekreuzigten Gottes Sohn. Das ist nicht göttlich, geschweige denn majestätisch.

Der Islam kennt keinen Gekreuzigten. Im Koran ist geschrieben, dass Isa vorher in den Himmel aufgenommen wurde. Das gab es auch im frühen Christentum. Jesus ist am Kreuz gestorben? Nein. Ein Gott am Kreuz? Niemals!

So hat Basilides folgendes geschrieben: *„..Christus steigt in die Welt herab, ohne wirklich Mensch zu werden. Er hat auch nicht gelitten, sondern verwandelte die Gestalt des Simon Kyrene in seine Gestalt und nahm selbst dessen Gestalt an, so dass irrtümlich ...der andere gekreuzigt wurde, während der wahre Christus in der Gestalt Simons lachend dabei stand."* (zitiert in Voigt, schmaler Weg, Vandenh. `84 S. 215)

*Eigentlich zynisch. Lachend überlässt Gott die Welt ihrem Schicksal.*

Wer so die Ehre Gottes retten will, liegt schief. Natürlich ist Jesus eines natürlichen Todes gestorben. Johannes schildert die Hinrichtung nicht so detailliert wie die anderen, er „reduziert" auf das Wesentliche. Und so klingen auf diesem gott-verlassenen Hügel Golgatha schon die leisen Siegestöne durch: Es ist vollbracht. Die Vollstrecker vollenden das Heil. Jesu Passion wird zur Demonstration der Menschenfreundlichkeit und Nähe Gottes. Über der Dunkelheit der Kreuze gilt uns diese Zusage des Gekreuzigten: Die Mitte der Nacht ist der Anfang des Tages.

„Es ist vollbracht. O Trost für die gekränkten Seelen. Die Trauernacht lässt nun die letzte Stunde zählen."

AMEN

Philippus und der äthiopische Finanzminister

*26 Ein Engel des Herrn forderte Philippus auf: «Geh in Richtung Süden, und zwar auf*
*die einsame Straße, die von Jerusalem nach Gaza führt.» 27 Philippus gehorchte*
*sofort. Zur selben Zeit war auf dieser Straße auch ein Mann aus Äthiopien mit seinem*
*Wagen unterwegs. Er war Finanzminister der äthiopischen Königin Kandake und ein*
*hoher Würdenträger seines Landes. 28 Auf dem Rückweg von Jerusalem, wo er als*
*Pilger im Tempel gebetet hatte, las er im Buch des Propheten Jesaja. 29 Da sprach*
*der Heilige Geist zu Philippus: «Geh zu diesem Wagen, und bleib in seiner Nähe.»*
*30 Philippus lief hin und hörte, dass der Mann laut aus dem Buch Jesaja las.*
*Er fragte den Äthiopier: «Verstehst du eigentlich, was du da liest?»*
*31 «Nein», erwiderte der Mann, «wie soll ich das denn verstehen, wo es mir noch*
*niemand erklärt hat!» Er bat Philippus, einzusteigen und sich neben ihn zu setzen.*
*32 Er hatte gerade die Sätze gelesen: «Wie ein Schaf, das geschlachtet werden soll,*
*hat man ihn abgeführt. Und wie ein Lamm, das sich nicht wehrt, wenn es geschoren*
*wird, hat er alles erduldet. 33 Nicht einmal ein gerechtes Urteil war er ihnen wert. Wer*
*wird von seinen Nachkommen reden? Keiner. Denn man hat sein Leben auf dieser*
*Erde vernichtet.» 34 Der äthiopische Minister fragte Philippus: «Von wem spricht*
*hier der Prophet? Von sich selbst oder von einem anderen?» 35 Da begann Philippus,*
*ihm das Evangelium von Jesus anhand dieses Prophetenwortes zu erklären. 36 Als*
*sie bald darauf an einer Wasserstelle vorüber fuhren, sagte der Äthiopier: «Dort ist*
*Wasser! Kannst du mich jetzt gleich taufen?» 37 «Wenn du von ganzem Herzen an*
*Christus glaubst, kann ich es tun», erwiderte Philippus. «Ich glaube, dass Jesus*
*Christus der Sohn Gottes ist», bekannte der Minister. 38 Dann ließ er den Wagen*
*halten. Gemeinsam stiegen sie ins Wasser, und Philippus taufte ihn. 39 Nachdem sie*
*aus dem Wasser gestiegen waren, entrückte der Geist des Herrn den Philippus. Der*
*Äthiopier sah ihn nicht mehr, aber er reiste mit frohem Herzen weiter.*

Liebe Gemeinde!

Da steht er wartend an der einsamen Straße. Früher war das eine wichtige Handelsstraße. Nun ist es nur noch ein alter Weg, der an die Küste führt und sich dann an die Fernstraße nach Ägypten anbindet. Selten begegnet man einem Menschen oder einem Gefährt. Hier ist nichts los. Was soll geschehen an dieser menschenleeren Straße? Warten kann müde und mürbe machen. Wenn man an so einer staubigen Straße steht in der Hitze des Tages oder in der Dunkelheit der Nacht. Wann endlich tut sich was? Wann endlich höre ich das herannahende Geräusch dessen, auf den ich warte?

Von einer einsamen Straße kann bei uns in Löwenstein keine Rede sein. Hier pulsiert das Leben. Hier rollt und rattert es ständig. Fahrzeuge verkehren hier in kurzen Taktstrichen. Doch inmitten des Lärms und der Bewegung gibt es die einsamen Stunden, in denen wir fragen: was soll ich hier? Wo wir meinen, dass wir den Anschluss verpasst haben und unser Leben auf einer stillgelegten Strecke stecken bleibt. Situationen, in den wir die Absicht nicht sehen, die hinter diesem Weg steht.

Was soll ich hier? Diese Frage hat sich Philippus wohl gestellt. Ich weiß nicht, wie er sich die Zeit vertrieben hat. Aber eines hat er gewusst: Gott wird schon wissen was er macht. Warum er mich hier warten lässt.

Zur selben Stunde, auf derselben Straße, ein paar Kilometer und Kehren weiter nördlich: Auf der staubigen Landstraße hört man einen quietschenden Wagen, in dem zu reisen kein Vergnügen ist. Und eigentlich war es keine Vergnügungsreise.

Eine Staatskarosse taucht auf. Nicht pompös, eher ein einfaches Vehikel. Aber so ausgelegt, dass man es einige tausend Kilometer darin aushalten kann. Diese Entfernung dürfte es sein, die der Finanzminister aus Äthiopien zurück-gelegt hat.

Er kommt aus Jerusalem zurück und hatte in seinem diplomatischen Gepäck sicher ein paar Neuigkeiten. Bestimmt hat er auch kulturelle und geschichtliche Eindrücke mitgebracht. Doch der eigentliche Grund der Reise war ein anderer. In gewisser Weise war es eine Wallfahrt. So wie viele nach Rom reisen oder nach Jerusalem pilgern. Dieser Finanzminister kommt also von einer ersten nichtorganisierten Pilgerreise zurück.

Aber was hat ihn veranlasst, eine so weite Reise zu unternehmen? Woher wusste er von dieser Stadt Jerusalem und ihrer Geschichte? Bilder von der Klagemauer und dem Felsendom gab es noch nicht.

In der Heimat des Reisenden gab es jüdische Siedler, die schon lange auf der Nilinsel Elephantine eine Kolonie gegründet hatten. Von dort aus wurde der Glaube der Juden bekannt gemacht. Der Finanzminister war sicher neugierig geworden und er konnte sich die Reise leisten. Ob auf Staatskosten oder aus eigener Tasche, das wird nicht berichtet. Dieser Fernreisende war angesteckt vom Glauben an den einen lebendigen Gott. Eine religiöse Suche hat ihn umgetrieben. Die Sehnsucht nach einer letzten und gültigen Antwort. Das vorläufige und oberflächliche hat ihn nicht mehr erfüllt.

Zwei Menschen treffen sich. Gott schafft Begegnungen. Philippus sieht, wie der Wagen sich nähert und ahnt, dass das Warten sich gelohnt hat. Der Reisende ist in seiner Lektüre vertieft. In Jerusalem hat er sich ein Stück der alten Handschrift gekauft, die von der Geschichte des Volkes Israel, von ihrem Schicksal und ihrer Sendung erzählt. Ein teures Original, kein preiswertes Touristensouvenir.
Er ist dem einen Gott auf die Spur gekommen. Nicht wie üblicherweise –oder gerade jetzt in der Sommerzeit- in der Schöpfung und in der Natur. Er hat Gottes Spuren in der Geschichte gefunden. In den Gesetzen und Geboten, in den Anweisungen zum Leben und Überleben. Er hat Gottes Spuren festgestellt, wo sie eigentlich niemand mehr gesucht und vermutet hat. Er hat von Sklaven gehört, die befreit durchs Wasser gingen und von den Herren, die in den Fluten umgekommen sind.
Er spürt dem Gott nach, zu dem –ich erinnere an die Schriftlesung- (Jes.25,6-8) alle Völker kommen werden. Nicht nur Minister und Diplomat ist er. Er ist Volksvertreter. Ein Vertreter der fernen Völker, welche die Spuren des lebendigen Gottes finden.
Die beiden sind auf gleicher Höhe. In Sicht- und Hörkontakt. Philippus wirft ein Auge auf die Reiselektüre des Menschen.
Etwas direkt und taktlos fragt er: Verstehst du eigentlich, was du da liest? Verstehst du eigentlich, was du da liest? Verstehst du eigentlich, was du da liest?
Es ist gut, wenn wir auf das hören, was andere sagen. Dass wir uns einmischen. Sicher müssen wir nicht jeden fragen, was er liest und ob er das überhaupt kapiert. Aber dass wir ein Gehör, ein Gespür dafür bekommen, was den anderen beschäftigt und umtreibt. „Welchen Sinn hat der Satz?“ So wird Philippus gefragt. Ist hier vom Schicksal eines einzelnen Menschen die Rede oder wird von der Tragödie eines ganzen Volkes gesprochen?

Was soll ich anfangen mit den Namenlosen, den Ausgestoßenen, den Verurteilten und Abgeführten, die keine Bedeutung haben? Wo ist der Schlüssel zum Verstehen des Textes? Was ist das mit dem Schaf und dem Lamm? Einer, der unschuldig verurteilt wird und sich nicht wehrt. Was ist das für ein Mensch?
Philippus erzählt ihm bestimmt von diesem Menschen in der Wüste, der Jesus gesehen und von ihm gesagt hat: Siehe, da ist das Lamm Gottes. Er trägt die Verfehlungen der Welt. (Joh.1,29)
Verstehst du, was du liest? Verstehst du, dass hier deine Geschichte und deine Zukunft gemeint ist? Er trägt dich.
Philippus berichtet sicher auch von den Bettlern und Lahmen, denen Jesus den Tanz des Lebens neu gelernt hat. Von den Stummen, die den Mund wieder aufbekommen und den Resignierten, deren Augen wieder einen neuen Glanz bekommen haben.
Philippus sagt ihm sicher auch von dem, der aus dieser Stadt, die der Finanzminister besucht hat, herausgeschleppt wurde, um das zu erleiden, was er in dem alten Propheten gelesen hat.
Kann sein, dass der Weg des Reisenden den Weg des Leidenden gekreuzt hat.
Und ganz gewiss hat er ihm auch von jenem Morgen erzählt, als die Welt Kopf gestanden ist. Als der Osterjubel die Trauer des Todes vernichtet, als Gott angefangen hat, die Tränen abzuwischen. Diese Begegnung verändert den Menschen aus Äthiopien. Weil er auf seiner Menschenstraße Gottes Spur gefunden hat.
Gott schickt uns Menschen, um ihnen etwas zu sagen von der Hoffnung der Christen. ER schafft Situationen, die wir nicht planen und organisieren können. Er formt Gelegenheiten, die wir nötig haben. Da kann es sein, dass wir manchmal still stehen müssen und nur warten können. Dass wir fragen: Was soll ich hier? Er richtet Stationen ins unserem Leben ein, an denen wir einen Aufenthalt einlegen müssen. Doch dieser vermeintliche Stillstand soll ein großes Stück nach vorne bringen.

Was Philippus hier macht, das könnte eigentlich das erste Vorbild für die Autobahnkirchen sein. Das erste Modell für die Andachtsräume auf Flughäfen, für die Stillen Räume in den Krankenhäusern und in den Bahnhöfen. Überall, wo Menschen unterwegs sind. Denn überall, wo Menschen unterwegs sind, müssen sie auch warten. Und diese Wartezeit kann die Leere und Sinnlosigkeit des Unterwegs-Seins aufdecken.

Es ist und bleibt die die Sehnsucht nach einer letzten und gültigen Antwort.
Vergessen wir dieses Frage nicht: Verstehst du, was du liest? Diese Frage hat schon manchen aus Langeweile befreit und ihm die Einbildung genommen, er hätte alles kapiert. Verstehst du, was du liest? Verstehst du, was du *lebst*? Verstehst du, wer dich liebt? Dieser Einwand hat den Menschen auf die rechte Spur gebracht. „Er zog seine Straße fröhlich." Er hat verstanden: Gott wird auch meine Wege gehen, mich durch das Leben tragen.

AMEN

„Kommt mit mir auf die Reise!" Ich möchte Sie heute Morgen zu einer kleinen Reise einladen. Ein kleiner Missionstrip ins Land der Hellenen. Ins Land der Götter. Ins Reich des *einen* Gottes. Paulus ist mal wieder unterwegs auf seiner zweiten Missionsreise. Unterwegs für die Kirche. Kirche unterwegs wie so oft. Auf den Straßen und Marktplätzen unterwegs für seinen Gott. Er und seine Begleiter geben nicht auf. Geben nicht klein bei. Vieles haben sie erlebt. Bei den einen haben sie Anerkennung gefunden. Andere haben versucht, sie loszuwerden. (13,44ff) Oft waren sie kurz davor, verprügelt zu werden (14,5), mussten sich den Vorwurf anhören, dass sie mit ihren Predigten das Volk aufwiegeln und die religiösen Strukturen durcheinander bringen. (17,6) Einmal waren sie die religiösen Superstars: Paulus war der Götterbote Hermes und sein Kollege Barnabas wurde als Zeus bezeichnet. (14,17) Hochgejubelt und niedergeschrieen, das alles haben sie erlebt. Mit ihrer Botschaft von Jesus Christus haben sie polarisiert. Von den einen verehrt, von den anderen halbtot geschlagen. (14,19) Nach einem kurzen Gefängnisaufenthalt (16,22ff) wagt Paulus sich in die religiöse Hauptstadt: Athen.

*Während Paulus in Athen auf seine Wegbegleiter wartete, wurde er zornig über die vielen Götterstatuen in der Stadt. 17 Er sprach in der Synagoge zu den Juden und den Griechen. ... Außerdem predigte er an jedem Tag auf dem Marktplatz zu den Menschen, die gerade vorbeikamen. 18 Bei einer solchen Gelegenheit kam es zu einem Streitgespräch mit einigen Philosophen... Einige von ihnen meinten: "Dieser Mann ist doch ein Schwätzer!", andere sagten: "Er scheint von fremden Göttern zu erzählen." Denn Paulus hatte von Jesus und seiner Auferstehung gesprochen. ....22 Da stellte sich Paulus vor alle, die auf dem Areopag versammelt waren, und rief: "Athener! Mir ist aufgefallen, dass ihr euren Göttern mit großer Hingabe dient; 23 denn ich habe in eurer Stadt viele Heiligtümer gesehen. Auf einem Altar stand: ageostos Theo " 'Dem unbekannten Gott.'*
*Von diesem Gott, den ihr verehrt, ohne ihn zu kennen, spreche ich. 24 Es ist der Gott, der die Welt und alles, was in ihr ist, geschaffen hat. Dieser Herr des Himmels und der Erde wohnt nicht in Tempeln, die Menschen gebaut haben. 25 Er braucht auch nicht die Hilfe und Unterstützung irgendeines Menschen.*

*Er, der allen das Leben gibt und was zum Leben notwendig ist, 26 er hat den einen Menschen geschaffen, von dem alle Völker auf der ganzen Erde abstammen. ..27 Das alles hat er getan, weil er wollte, dass die Menschen ihn suchen. Sie sollen ihn spüren und finden können. Und wirklich, er ist jedem von uns ja so nahe! 28 Durch ihn allein leben und handeln wir, ja, ihm verdanken wir alles, was wir sind.*

Athen – die Heimat der Sehnsucht. *„Weiße Rosen aus Athen..."* Haben Sie es noch in den Ohren? Dieses Fernweh nach Weite und die Sehnsucht nach Zuhause?
*Ein Schiff wird kommen. Und meinen Traum erfüllen und meine Sehnsucht stillen, die Sehnsucht mancher Nacht. Mich lockt der Zauber von Piräus.....*Ist auch das noch bekannt? Der zauberhafte Hafen von Piräus und die mächtige Silhouette der Akropolis auf dem Berg. Unten der große öffentliche Marktplatz (Agora). Ich war zwar noch nie in Athen – doch so stelle ich mir das vor. Athen – die Hauptstadt der Sehnsucht.
Athen – die Hauptstadt der religiösen Sehnsüchte. Das war sie auch. Hier waren die Menschen richtig, die Heimweh nach dem Göttlichen hatten. Paulus sieht die mächtigen Bauwerke, Tore, Tempel und Altäre. Dort der beeindruckende Parthenon-Tempel für die Göttin Athene. Da der Tempel für Dionysos, den Gott des Rausches und der Ekstase. (Als Bacchus den Weintrinkern bekannt.) Und im Süden der Akropolis der Tempel für die Göttin Nike, den Sportlern als Göttin des Sieges bekannt. (Victoria).
Athen – weltoffen, liberal, tolerant. Hier war die Kunst und die Wissenschaft zu hause. Religiöse Institute und. Schulbehörden. Die Bevölkerung war aufgeschlossen für jede Art von Neuigkeiten. So kommt Paulus mit den Menschen ins Gespräch.
Es waren durch und durch religiöse Menschen. Die einen sagten: Vernunft und ein vorbildlicher Lebenswandeln ist wichtig. Nur der ist glücklich, der mit seiner Seele eine Einheit bildet. „Dann sind wir sozusagen eins mit Gott. Wir müssen unser Leben hier und jetzt leben. Ein Jenseits gibt es nicht." (Epikureer)
In der bunten Wandelhalle am Marktplatz trifft Paulus auf Leute, denen die göttliche Planung wichtig ist. „Es gibt nichts," so sagen sie, „das nicht zuvor vorherbestimmt ist. Das gibt uns die Gelassenheit, Dinge anzunehmen, die wir nicht ändern können."
Sie ertragen alles in stoischer Ruhe. Im ewigen Rauschen der Bäume, im Blühen der Pflanzen findet unsere Seele zum Göttlichen. Denn Gott und Natur, das ist eins.
Von den dritten erfährt Paulus, dass die Seele des Menschen in seinem Körper gefangen ist.

Und der religiöse Mensch befreit seine Seele aus dieser Gefangenschaft. „Dann sind wir göttlich Erlöste. Einen Gott außerhalb brauchen wir nicht. Und darum brauchen wir die Seelenwanderung!“ Verstehst du, Paulus? (Platoniker)

Ja, hochreligiöse Menschen waren hier versammelt. Doch – was ist das „hochreligiös?“ Neulich habe ich in der Zeitung gelesen, dass die Deutschen religiöser sind als gedacht. Für 70% ist Religion bedeutsam. Am meisten religiös sind die Leute zwischen 30 und 40 und die über 60-zig Jährigen.
(HSt v. 24.12.07/G. Steger „Religionsmonitor 2008, 21000 Befragte in 21 Ländern)
Doch, was ist religiös? Das ist noch lange nicht christlich oder kirchlich. Das mag so sein, wie es Paulus in Athen beobachtet hat: Ein „Patchwork-Glaube.“ Jeder macht sich aus den verschiedenen Religionen u. Weltanschauungen sein religiöses Gewand. Religiös bewandert und doch irgendwie heimatlos. Hochreligiös ist noch lange nicht tiefgläubig.

Paulus lässt sich von diesen religiösen Menschen nicht beeindrucken. Im Gegenteil: Es ärgert ihn, er wird zornig. Eigentlich hätte er auf seine Freunde warten sollen, doch jetzt kann er nicht mehr ruhig bleiben. Er muss etwas Aufklärungsarbeit leisten und die religiösen Schleier lüften. Am Sonntag spricht er in der Kirche und an den Werktagen predigt er auf dem Marktplatz. Er nutzt jede Chance für das Evangelium. Ohne dass er von oben herab den Glauben der Athener lächerlich macht. Paulus geht auf den Markt und seine Nachricht stößt auf Interessierte und auf Spötter. Er macht keine diplomatischen Verrenkungen. Paulus parliert nicht. Er führt nicht endlose Gespräche über die Religiosität der Menschen. Er kommt zur Sache. Er redet von Jesus dem Gekreuzigten und dem Auferweckten. Er spricht von Golgatha und Ostern, von der Auferweckung der Toten. Das war einigen zuviel. „Was will denn dieser Schwätzer?“ Das kann er anderen erzählen, aber nicht uns.
Wie kann er uns hochreligiösen Menschen mit dieser tief-gläubigen Meinung kommen? Paulus beschäftigt sich mit der Meinung, der Religion der Menschen. Aber er findet nicht alles gleich gültig. In einer multireligiösen Vielfalt hat Paulus Profil gezeigt. Er ist auf den Markt gegangen, aber er hat das Evangelium von Jesus Christus nicht billig verkauft.

Irgendwann wurde es auf dem Marktplatz zu laut. Vielleicht ein Tumult und Durcheinander. Auf jeden Fall wurde Paulus etwas abseits geführt. Denn es gab in der Stadt auch eine Behörde, welche die öffentlichen Reden überwacht hat. Wer längere Zeit gesprochen und eine größere Menschenmenge angesprochen hat, der wurde in einen kleineren Kreis eingeladen, bzw. vorgeladen. Harmlose Schwätzer konnten weitermachen.

Und so kam Paulus auf diesen Areopag. Das war ein Hügel inmitten der Stadt Athen und gleichzeitig die Bezeichnung für das oberste Stadtgericht. Er musste also öffentlich Rechenschaft ablegen über das, was er sagte. Und nun sind die Zuhörer gespannt, wie es wohl weitergeht. „Wer für eine andere Religion wirbt," sagt einer, „der wurde früher bestraft. Wer andere zum Glaubensübertritt einlädt, kommt mit dem Gesetz in Konflikt." Das kennen wir doch auch aus der heutigen Zeit. Es gibt religiöse Gesellschaften, wo solche Vorkommnisse bestraft werden.

„Viele Götter habe ich bei euch kennen gelernt" sagt Paulus in seiner berühmten Rede auf dem Apreopag. „dutzende Götterbilder gesehen. Für jeden Bereich habt ihr einen Gott, eine Göttin, ein Bild oder eine Erklärung. Da könnt ihr von einem Gott zum anderen fliehen. Das muss auch ganz schön durcheinander-bringen. Wer ist denn da letzen Endes eigentlich zuständig?"

Und dann redet Paulus von einem Stein, den er entdeckt hat und dessen Inschrift ihn beschäftigt. Es ist ein Satz der *Sie* beim Lesen des Predigttextes vielleicht auch beschäftigt hat. *„ageostos Theo."* „Dem unbekannten Gott." So heißt es auf diesem Steinblock. „Jetzt habt ihr so viele Götter. Warum braucht ihr noch einen unbekannten, einen namenlosen Gott?" Es kann sein, dass die Leute in ihrer religiösen Absicht nur ja keinen Gott vergessen wollten.

So wie das bei Veranstaltungen ist, wo man sich am Ende bei allen bedankt. Verschiedene Namen werden aufgezählt und damit man keinen vergisst, sagt man am Schluss: „...und bei allen ungenannten und namenlosen Helfern." Ohne sie wäre das alles nicht gelaufen. So könnte es sein, dass sie einfach noch mit einem anderen Gott in ihrer vielfältigen Götterwelt gerechnet haben. Ein Gott, der noch nicht entdeckt und gefunden wurde. Nun gibt Paulus diesem „unbekannten Gott" ein Gesicht und eine Geschichte. Er gibt diesem namenlosen Gott einen Namen.

ER ist der nahe Gott. Ihr findet ihn nicht in den fernen Weiten des Weltalls. Ihr findet IHN in eurem Leben, in eurer Geschichte. Er ist der Gott Für-Euch. So wie er es dem Mose gesagt hat, als der ihn nach seinem Namen gefragt hat: Ich bin der ICH-BIN. Ich geh mit dir deinen Weg. ER ist der Gott, „der Wolken, Luft und Winden gibt Wege Lauf und Bahn. Er wird auch Wege finden, da *dein* Fuß gehen kann.“ (EKG 361.1)
ER ist nicht im Blatt des Baumes, ER ist an den Wurzeln eures Lebens. ER ist nicht der namenlose Gott, der aus den dunklen Winkeln der Seele auftaucht und Angst macht. Ihr müsst keinen Kult, keine Pflege für die Götter betreiben.
Und die Gottesdienste sind keine Serviceleistungen für das Göttliche. Christliche Gottesdienste sind im Grunde genommen keine religiösen Versammlungen. Denn im Gottesdienst, in der Predigt kommt Gott selber uns nahe. Es kommt nicht so sehr auf unsere Annäherungsversuche an. Es kommt darauf an, dass wir uns von Ihm einladen lassen, wie es Jesus damals gesagt hat. *„Kommet her zu mir alle, die ihr mühselig und beladen seid, so will ich euch Ruhe geben.“(Mt.11,28)*
So wird aus dem unbekannten, dem namenlosen Gott der Gott, der meinen Namen kennt.

AMEN

Toten/Ewigkeitssonntag,

*1 Aber auch ihr anderen - wer immer ihr seid - könnt euch nicht herausreden. Ihr spielt*
*euch als Richter über alle auf, die Unrecht begehen, und sprecht euch damit euer*
*eigenes Urteil. Ihr klagt bei anderen an, was ihr selbst tut. 2 Wir wissen, dass Gott*
*über alle, die so handeln, ein gerechtes Urteil fällen wird. 3 Meint ihr etwa, ihr könntet*
*dem Gericht Gottes entgehen, wenn ihr genauso wie die handelt, die ihr verurteilt?*
*4 Für wie armselig haltet ihr denn Gottes unendlich reiche Güte, Geduld und Treue?*
*Seht ihr denn nicht, dass gerade diese Güte euch zur Umkehr bewegen will? 5 Ihr*
*aber weigert euch hartnäckig, zu Gott zu kommen und euer Leben zu ändern. Es ist*
*allein eure Schuld, wenn euch Gottes Zorn am Tag des Gerichts mit ganzer Härte trifft.*
*Wenn Gott sich als der Richter zeigt, 6 wird jeder bekommen, was er verdient hat.*
*7 Ewiges Leben in Herrlichkeit und Ehre wird er denen geben, die sich danach sehnen*
*und die mit großer Ausdauer Gutes tun. 8 Gottes unversöhnlicher Zorn aber wird die*
*treffen, die aus Selbstsucht Gottes Wahrheit leugnen, sich ihr widersetzen und dafür*
*dem Unrecht1 gehorchen. 9 Angst und Not werden über alle kommen, die Böses tun;..*
*10 Aber jedem, der Gutes tut, wird Gott seine Herrlichkeit, Ehre und Frieden*
*schenken, ... 11 Denn vor Gott sind alle Menschen gleich.*

Liebe Gemeinde, -
Die Szene spielt sich im Büro des Polizeipostens ab. Ein Mann steht vor der Abschrankung am Schreibtisch des Verhörenden. Polizei, Staatsanwalt, und Gericht können ihm Urkundenfälschung und das illegale Tragen von Uniformen nachweisen. Doch der Hauptmann –der falsche Hauptmann- hört mehr. Sein Leben zieht an ihm vorüber. Und er sieht sich im Endgericht, wie Gott der Allmächtige ihn fragt: *Was haste jemacht? Willem Voigt, ist das dein Leben? Was haste jemacht mit deinem Leben?* Diese ernste Frage in dem Stück des Hauptmanns von Köpenick geht unter die Oberfläche und die Leichtigkeit des Lebens. Was haste jemacht? Was hast du gemacht mit deinem Leben? Was hast du gemacht mit deinen Gaben? Was hast du gemacht mit deiner Liebe, deinen Enttäuschungen, deinen Gedanken? Was hast du gemacht mit deiner Familie, deinen Freunden, deinem Frust und deiner Einsamkeit? Was hast du gemacht mit deinen Tränen und mit deinem Lachen?

So stellt uns Paulus in diesem Text die Frage: Wie ist das mit deinen Taten, deinem Streben, deinen Plänen, deinem Tun? Wir sind an eine Gerichtssituation erinnert. Der Mensch muss einen Offenbarungseid ablegen: Was hast du vorzuweisen?
Was hast du gemacht mit deinem Leben? Wenn eine Krise kommt, wenn das Selbstverständliche, das Gewohnte in Frage gestellt wird. „War denn alles falsch, was ich gemacht habe?“ . Das Vergangene und die Zukunft. Solche Fragen lähmen uns. Nehmen uns den Atem. Atemloses Schweigen. Können diese Fragen, kann dieses regungsloses Stillehalten, nicht auch eine Wendepunkt sein? Zeitpunkte, in denen wir neu nach-denken, umdenken, umkehren sollten?

Unser heutiger Predigttext ist nicht umsonst für das Ende des Kirchenjahres bestimmt. Mit Advent beginnt das neue Kirchenjahr. Vom „drittletzten“ bis zum „letzten Sonntag“ wird heruntergezählt. Eine Art „Countdown“ des Kirchenjahres. Am Ende herrscht drangvolle Enge und dann geht es ins Neue. So sind die Texte angeordnet für die Predigten zur „letzten Zeit.“
So ist auch der Toten,- bzw. Ewigkeitssonntag zu verstehen: Als Rückblick und Ausblick. In unserem Text wird einem so eine Endabrechnung präsentiert. Bilanz gezogen. Summa summarum. Was kommt raus dabei?

„Was hast du gemacht?“ Paulus hat diese Frage vor Augen. Dabei geht es sicher nicht um die Veranstaltungen einer Kirchengemeinde, nicht um die Aktivitäten in, vor und außerhalb der Kirche. Was hast du gemacht? Mit deinen Gaben, mit deinen Gedanken, deinen Händen. Was hast du gemacht mit deinen Worten, deinen Wünschen, deiner Eifersucht und deinem Neid?
Wie stehst du bloß vor Gott da mit deinen leeren Händen?
Wir sind versucht, diese Frage zu überhören. Denn als Evangelische haben wir es deutlich im Ohr: Allein der Glaube entscheidet. Nicht die Werke. Wir hören Martin Luther, der sich dafür mit Thron und Altar, mit Kirche und Fürsten angelegt hat: *Aus Glauben sind wir gerecht-gesprochen und darum haben wir Frieden mit Gott durch unseren Herrn Jesus Christus.* (Römer 5,1).
Und auch Paulus ist als der bekannt, der in seinen Predigten und Briefen sagt: Der aus Glauben Gerechte wird leben. Den Himmel kann man sich nicht kaufen oder verdienen. „Ohn` all mein Verdienst .....,“ so heißt es im Katechismus. Und nun diese Töne von den guten Werken. Unser Text lässt kein gutes Haar am Menschen.
Was könnte man tun, um dieses Gericht von der Schuldlosigkeit, der Schuld*unfähigkeit* des Menschen zu überzeugen? Wer hält das Plädoyer, die Fürsprache für den Menschen?

Ist Paulus hier ein Ausrutscher passiert? Ist er zurückgefallen auf eine frühkindheitliche Stufe von Frömmigkeit und Theologie? Nur die Guten kommen in die ewige Auswahl? Oder kommt hier der alte Pharisäer und Gesetzeslehrer durch? Dem Menschen wird nichts geschenkt. Eines Tages bekommt er die Rechnung präsentiert.
Das wäre haarscharf an den Botschaft Jesu vorbei. So will dieser Text aus Lethargie und Langeweile aufwecken und wachrütteln: Der Guten Nachricht von Jesus Christus kann man nicht gleichgültig und teilnahmslos gegenüberstehen.
Es ist wichtig, dass man von Zeit zu Zeit stehen bleibt –vielleicht wird man auch unfreiwillig angehalten- und kontrolliert, ob der Weg noch stimmt, ob die Richtung noch die richtige ist. Wie es in einem Psalm heißt: *„..... sieh, ob ich auf bösem Weg bin und leite mich auf ewigem Wege.“* (Psalm 139)
Sie haben sich damals –und nicht nur damals- gestritten, wer denn auf dem richtigen Weg ist. Sind es die Gesetze, die religiösen Riten und Vorschriften, die ins Leben führen? „Wer immer strebend sich bemüht, den werden wir erlösen?“ (Faust/Goethe)

Oder sind es solche, die die Weisheit gepachtet haben und mit einem glückseligen Lächeln die Götter im Himmel machen lassen? „Überm Sternenzelt muss ein guter Vater wohnen." Über Glauben kann man streiten, sich bekämpfen bis zum letzten Atemzug. Über ewige Wege kann man streiten und anderen Meinung sein. Aber nur *Einer* hat diesen Weg gezeigt und ist diesen Weg gegangen. Immer wieder neu diesen Weg Jesu suchen, das ist Umkehr. Das ist Ewigkeit.

Der Reformator Luther, der seine Kirche damals zur Buße, zur Umkehr gerufen hat, sagte einmal: „das ganze Leben der Christen soll Buße sein." Da müssen wir nicht das Häuflein Elend sehen, der Mensch, erdrückt von seinen Fehlern und Fehltritten. So ist Buße eine fröhliche Befreiung aus dem, was mich bedrückt, besetzt und belastet. Eine Chance zum neuen Anfang. *Buße tun heißt umkehren in die offenen Arme Gottes. Dazu gehört, dass wir unsere Sünden bekennen, bereuen, hassen und lassen und im Glauben an Jesus Christus in einem neuen Leben wandeln*, so musste ich es als Konfirmand vorsagen. Das Kernstück unseres Predigttextes spricht von Umkehr: „..weißt du nicht, dass *Gottes Güte* es ist, die zur Buße leitet?" Gott hat einen langen Atem, Geduld, die zur Umkehr führt.

Schauen wir am Totensonntag also nicht zurück in einen Spiegel. Unser Blick darf zum Horizont des Ewigen gehen. Wenn wir in diese Richtung schauen, bleiben wir nicht bei uns selber stehen. Dann wird aus meiner Unzufriedenheit Gelassenheit. Dann muss ich nicht mehr neidisch auf das sehen, was andere haben. Dann muss ich mich nicht mehr minderwertig fühlen, weil anderen eine Sache besser gelingt.

Ich lerne dann, den anderen zu verstehen. Was treibt mich um, was bewegt und motiviert mich? Bin nur ich im Vordergrund oder lasse ich den anderen auch gelten?

*Gottes Güte* leitet. Nicht Ordnungen, Vorschriften und Regeln leiten uns zum ewigen Leben. Umkehr ist Abkehr von mir und Hinwendung zu Christus. Wer sich Jesus Christus zuwendet, der findet einen weiten Raum. Wer bei sich selber bleibt, ist in sich selber gefangen und verkümmert. Umkehr heißt: Die Mitte wieder finden. Dazu sind wir eingeladen. So wie es Jesus denen damals in Galiläa gesagt hat:

*Die Zeit ist erfüllt, und das Reich Gottes ist herbeigekommen. Tut Buße und glaubt an das Evangelium.*

AMEN

*1 Und ich sah ein andres Zeichen am Himmel, das war groß und wunderbar: sieben Engel, die hatten die letzten sieben Plagen; denn mit ihnen ist vollendet der Zorn Gottes. 2 Und ich sah, und es war wie ein gläsernes Meer, mit Feuer vermengt; und die den Sieg behalten hatten über das Tier und sein Bild und über die Zahl seines Namens, die standen an dem gläsernen Meer und hatten Gottes Harfen*
*3 und sangen das Lied des Mose, des Knechtes Gottes, und das Lied des Lammes: Groß und wunderbar sind deine Werke, Herr, allmächtiger Gott! Gerecht und wahrhaftig sind deine Wege, du König der Völker. 4 Wer sollte dich, Herr, nicht fürchten und deinen Namen nicht preisen? Denn du allein bist heilig! Ja, alle Völker werden kommen und anbeten vor dir, denn deine gerechten Gerichte sind offenbar geworden.*

Liebe Gemeinde!
„Wo man singt, da lass dich nieder, böse Menschen haben keine Lieder." Nach diesem Sprichwort ist das Singen etwas Befreiendes und Gutes. Singen ist demnach eine Sache von frohen Menschen, weil es böse Gedanken vertreibt. Musik hat eine reinigende, regenerierende Wirkung. Pfeifen, Summen, ein kleines Lied auf den Lippen, fröhliche Töne im Herzen, das befreit. Im Singen wird umgesetzt, was ich in meinem Innern empfinde. Im Singen geht man „aus sich heraus."

„Kantate", so heißt der heutige Sonntag. Und das heißt: „Singet dem Herrn ein neues Lied." (Psalm 98) In unserem Kirchengesangbuch gibt es sehr unterschiedliche Arten von Liedern. Lieder für das Kirchenjahr: von Advent bis Totensonntag. Texte und Melodien für bestimmte Tages, - Jahreszeiten und besondere Anlässe. Lieder mit Klagen und Fragen. Und solche mit Bitten, mit Loben und Danken. Schwere Melodien und solche, zu denen man tanzen könnte. In unserem Predigttext ist von einer singenden Gemeinde die Rede. Sie singen das „Lied des Mose." Ein feierlicher Gesang in einer altehrwürdigen Kirche oder einem modernen Gottesdienstraum. Vielleicht ist es auch das Lied von Menschen, die gerade noch einmal davongekommen sind.

„Hurra, wir leben noch! Was mussten wir nicht alles überstehn´."Ein Gesang, befreit und glücklich. Es ist das Lied von Siegern, von Durchgekommenen. Sie singen nicht von sich. Sie loben die Werke und Aktionen Gottes. *„Ich selber kann und mag nicht ruhn. Des großen Gottes großes Tun erweckt mir alle Sinne....(EG 503.8)* So schrieb es Paul Gerhardt in seinem Sommergesang.

Es ist das Lied der Märtyrerkirche im alten Kleinasien, der heutigen Türkei. Die Christen dort werden bedroht und verfolgt von einem Kaiser, der sich selbst zum Gott setzt. Die Gemeinde ist in einem Kampf mit dem „Tier" und der „großen Stadt Babylon." Diese Bezeichnungen „Tier" und „Babylon" sind Umschreibungen, Chiffren für Mächte und Personen, welche die Christen verfolgen. Sie erleben den römischen Kaiserkult ihrer Umwelt, sie sehen, wie die Menschen den „göttlichen Imperator" auf seinem Thron verehren, wie den Göttern Tempel gebaut und Tieropfer gebracht werden. Kaiser Domitian (81-98 n.Chr.) ließ sich als „Herr und Gott" anreden und hat in Ephesus ein Standbild von sich in vierfacher Lebensgröße aufstellen lassen.
( Voigt, „lebendige Steine" S.230, Vandenh. 1983; Brennpunkte d. Kirchengeschichte S.18)

Warum können sie singen, wenn sie doch in einer solchen Verfassung sind? Ist dieser Gesang so eine Art „Mutmachlied?" Wollen sie sich selber Mut herbei singen? *„.....wir werden überwinden. Eines Tages werden wir überwinden..."*
Das Lied des Mose, das Lied der Israeliten ist für sie Vorbild und Vorlage. Die Geretteten und Befreiten aus der Sklaverei haben es gesungen. Die Hindurchgebrachten und durchs Rote Meer Durchgeführten haben es erstmals angestimmt. (2.Mose 15) Das Lied der Freiheit. Die Christen in unserem Text sind mitten drin in der Gefahr, dass sie ihren Glauben oder ihr Leben verlieren. In Zweifel und Anfechtung.
Und doch können sie singen und sprechen:*„Wie wunderbar sind deine Werke, o Gott, die du hervorgebracht. Auch Feinde spüren deine Stärke und zittern Herr, vor deiner Macht" (EG279.1)* So bekennt der Liederdichter Jorissen (1739-1823) die Werke und die Gegenwart Gottes einer Zeit, in der nur der Verstand und das Rationale zählte.
Die Offenbarung am Ende der Bibel ist ja ein Buch, das zum Durchhalten auffordert: „Halte, was du hast, damit niemand deinen Siegeskranz wegnehme." (Offb.3,11) Am Ende aller Geschichte, am Ziel aller Zeiten wird Gott sich durchsetzen: „Gott wird bei den Menschen sein. Er wird abwischen alle Tränen.

Kein Leid, kein Tod, kein Geschrei wird mehr sein." (Offb.21) Christus Jesus wird die Seinen nicht im Stich lassen: „Siehe, ich komme bald. Maranatha - Herr Jesus, komm bald." (Offb.22) Im Mittelteil der Offenbarung geht es um verschlüsselte Aussagen. Das Buch mit den „sieben Siegeln" wird geöffnet. (Kap.5) Der Offenbarungsempfänger Johannes redet in Bildern. Da ist von apokalyptischen Reitern die Rede. Sie entfachen endzeitliche Kriege und Schrecken, malen Not und Naturkatastrophen an die Wand. Von sieben Posaunen und sieben Schalen des Zorns, die das Sterben der Natur, den Zusammenbruch des Weltalls, die Vergiftung der Meere ankündigen.

Ein Thema, das Nervenkitzel versprechen könnte. Eine gute Vorlage für Bücher und Filme. Weltuntergang, Apokalypse. Eine sterbende Welt und eine Menschheit, die ihrem Ende entgegen geht.

In dem Film „Terminator" wird der endzeitliche Kampf zwischen Gut und Böse in Szene gesetzt. Im Jüngsten Gericht sterben zahllose Menschen. Im Film fällt ein Satz, der die Stimmung beschreibt: „Das Ende der Welt ist weit verbreitet."

Die Offenbarung der Bibel - ein Thema, das auch zu Vermutungen und manchmal zu Spekulationen Anlass gibt: So wurde der Super-GAU, -der Atomunfall- in Tschernobyl vor zwanzig Jahren in den Vorhersagen der biblischen Offenbarung entdeckt. Da ist von einem Stern die Rede, der vom Himmel fällt und die Meere vergiftet (8,11). Der Stern hat den Namen „Wermut" und soll in einer russischen Sprache „Tschernobyl" heißen. Als vor Jahren den Golfkrieg ausgebrochen ist, wurde schon im Vorfeld in den Zeitungen und Fernsehen Endzeitstimmung verbreitet. Die letzte Schlacht zwischen Ost und West in Harmagedon (16,16) ging durch die Presse. Die Bilder des 11. September vor sieben Jahren –der Einsturz des Welthandelszentrums- haben sie nicht Angst und Schrecken verbreitet? An das apokalyptische Ende erinnert? Wenn menschliche Macht zusammenbricht, wenn Träume verbrennen und Fundamente explodieren. Amokläufer und Todesschützen. machen sie nicht angst und bange? Hilflos, ohnmächtig. Nein, es ist kein altes Buch. Dieses Buch der Offenbarung.

Anhand der Offenbarung wurden auch direkte Deutungen und Berechnungen versucht. Spezialisten der Endzeit stellen einen Fahrplan auf. Sicher, die Offenbarung redet vom Ende aller Zeiten und den Begleitumständen. Und auch Jesus spricht in den Evangelien vom Ziel und Ende der Geschichte und empfiehlt, auf die Zeichen der Zeit zu achten (Matth.24).

Doch einen Fahrplan aufstellen und Ereignisse genau deuten und festlegen, ist damit nicht gemeint. In unserem Predigttext ist wenig von solchen endzeitlichen Erscheinungen und Bildern gesprochen. Es ist von einem Tier, seinem Bild und seiner Zahl die Rede. Diese Zahl wird an anderer Stelle mit „666“ (616) angegeben. (13,18) Diese Zahl ist das Pseudonym, der versteckte Name für einen römischen Kaiser. Der genaue Name konnte aus Sicherheitsgründen ja nicht genannt werden. In der hebräischen und griechischen Sprache bedeutet jeder Buchstabe auch eine Zahl. Und so wurde in einem Art Zahlenspiel der Name des römischen Kaisers Nero versteckt. Kaiser Nero (bis 100 n.Chr.) hat die Christen für den Brand Roms verantwortlich gemacht und so die Verfolgung eröffnet.

Unser Text der Offenbarung weist über das Sichtbare und Reale hinaus. Er „sieht“ in die Zukunft. Ein „gläsernes Meer“ nennt der Schreiber „mit Feuerschein“. Ist das nicht das farbenfrohe Bild der Sonne, die den Raum über uns in einem rötlich-goldenen Licht erscheinen lässt? Ein Psalm beschreibt die Wirklichkeit Gottes so: „Licht ist dein Kleid, das du anhast. Du breitest den Himmel aus wie einen Teppich.“
Johannes „sieht“, wie es sein wird. Das macht ihn froh und steckt ihn zu Singen an. *„Das, was mich singen machet, ist, was im Himmel ist.“ (EG 351.13)* So dichtete Paul Gerhardt wenige Jahre nach dem dreißigjährigen Krieg, der Leid und Schrecken über das Land gelegt hat.

Wir dürfen darüber-hinaus-sehen. Über das, was uns blockiert, was uns umtreibt, beunruhigt. Wir dürfen darüber-hinaus-gehen, was uns entmutigt undentkräftet.
Wir dürfen uns auf das verlassen, wie es sein wird und noch nicht ist.
So ist unser Singen nur vorläufig. Unser Loben und Danken nur ein Provisorium. Unser Glaube nur Bruchstück.
„Noch will das Alte unsere Herzen quälen“, schreibt ein Bonhoeffer. Immer noch plagen Krankheiten, schmerzen wuchernde Geschwüre. Es ist vorläufig und vorübergehend. Darum darf die Gemeinde mitten im Schlamassel das „Lied der Sieger“ anstimmen. Ein neues Liedsingen. „Siegen“ heißt ja nicht nur, jemanden besiegen, bezwingen, in die Knie zwingen. Beim Sieg muss es nicht immer Besiegte geben.„Siegen“, das ist es doch auch, wenn ich etwas durchgestanden, durchgehalten

habe. Dranbleiben am Glauben, nicht umfallen. Sich nichts ins Bockshorn jagen lassen von jenen Stimmen, die zweifeln, die anklagen und lächerlich machen. „Siegen“ meint auch nicht, ein glaubensheldenhaftes Leben führen. Es ist vielmehr dies: dass ich dahin gehe, dahin fliehe, wo ich durchgestanden, durchgebracht werde. Wo ich die Streitigkeiten, die Konflikte, die Ungerechtigkeiten aushalte. Wo ich die Kranken, die Grausamkeiten der Kriege, die Bilder von Leidenden und Sterbenden durchhalten kann, ohne den Glauben zu verlieren.

Gibt es solche Situationen in unserem Leben, dass wir sagen konnten: „Wir sind durch?“ „Ich habe es geschafft?“ Gibt es nicht solche „Über-Setzungen“ in unserer Lebensgeschichte, wo wir frei aufatmen konnten, weil wir in eine andere Lage versetzt wurden? Das ist Grund zum Singen! Jesus Christus, der Erste und Letzte,
A und O der Geschichte, will die Last, die Decke des Vergeblichen aus unserem Leben nehmen. Bei IHM dürfen wir aufatmen und wir haben allen Grund dazu. Denn: „Singet dem Herrn ein neues Lied, denn er tut Wunder.“ (Psalm 98,1)

AMEN

Toten/ Ewigkeitssonntag,

*Und ich sah einen neuen Himmel und eine neue Erde; denn der erste Himmel und die erste Erde sind vergangen, und das Meer ist nicht mehr.*
*2 Und ich sah die heilige Stadt, das neue Jerusalem, von Gott aus dem Himmel herabkommen, bereitet wie eine geschmückte Braut für ihren Mann. 3 Und ich hörte eine große Stimme von dem Thron her, die sprach: Siehe da, die Hütte Gottes bei den Menschen! Und er wird bei ihnen wohnen, und sie werden sein Volk sein und er selbst, Gott mit ihnen, wird ihr Gott sein; 4 und Gott wird abwischen alle Tränen von ihren Augen, und der Tod wird nicht mehr sein, noch Leid noch Geschrei noch Schmerz wird mehr sein; denn das Erste ist vergangen. 5 Und der auf dem Thron saß, sprach: Siehe, ich mache alles neu! Und er spricht: Schreibe, denn diese Worte sind wahrhaftig und gewiss! 6 Und er sprach zu mir: Es ist geschehen. Ich bin das A und das O, der Anfang und das Ende. Ich will dem Durstigen geben von der Quelle des lebendigen Wassers umsonst. 7 Wer überwindet, der wird es alles ererben, und ich werde ihr Gott sein und sie werden meine Söhne und Töchter sein.*

Liebe Gemeinde!
*„Der Abendwind weht um die Hügel, die Pinien duften schwer, und Glocken klingen aus der Ferne voll Wehmut zu mir her. Die Häuser und die alten Straßen, die Steine, jedes Blatt erzählen von vergangnen Zeiten, vom Schicksal dieser Stadt. Jerusalem, du Stadt aus Gold, die hell im Licht der Sonne blüht, Jerusalem, zu deiner Ehre sing ich mein Lied.* (zitiert in „Contrapunkt“ 6/79 S.13)
So wird in einem „Lied für Jerusalem“ die Stadt auf dem Berg geschildert. Bis zu 800 Meter hoch liegt diese Stadt auf der Höhe im judäischen Gebirge. Im Norden, Osten und Süden von Bergen umgeben. (Ps.121,1; 125,2)
Den Tempelberg im Vordergrund sieht man gleich, darauf die beeindruckende Tempelanlage mit dem mächtigen Tempel. Erstmals erbaut von König Salomo im Jahr 960 vor Christus. Durch die Babylonier zerstört und von den Heimkehrern aus dem Exil im Jahr 500 vor Chr. wiederaufgebaut. Von König Herodes während der römischen Besatzungszeit herrlich hergerichtet und kunstvoll ausgestaltet.

Umgeben von mächtigen Mauern. *Jerusalem,* eine Stadt mit einer 3000-jährigen Geschichte. Von König David erobert und im Jahr 1000 vor Chr. zur Hauptstadt des vereinten Israel ernannt. Etwa 400 Jahre später wird die Stadt Jerusalem von dem babylonischen König Nebukadnezar zerstört. Die Bewohner werden deportiert, in die Fremde verschleppt. Die Zeit des babylonischen Exils. Fernab von ihrer Heimat, abgeschieden von ihrem Tempel, der Wohnung Gottes.

Viele Psalmen sind Zeugen dieser Zeit. Sie berichten von der Verlassenheit und Gottesferne. Sie schildern ihre Sehnsucht, endlich wieder in ihr Jerusalem, endlich wieder auf ihren Berg Zion heimkehren zu dürfen. *„.... an den Flüssen von Babylon, das saßen wir und weinten, als wir an Jerusalem dachten........ wie können wir in der Ferne das Lied unseres Gottes singen?..... Unser Leben verdorrt, wenn wir nicht an dich denken Jerusalem."* (Psalm 137)

Als sie dann eine Generation später heimkehren dürfen, ist die Freude groß. Glück und Frieden ist wieder geworden. Heil und Zuversicht. *„Als der Herr wandte das Geschick Jerusalems und seiner Bewohner, da waren wir wie die Träumenden, unser Mund war voll Lachens. .....Der Herr hat Großes an uns getan, des sind wir fröhlich.......Die mit Tränen säen werden mit „Freuden ernten."* (Psalm 126)

*Nun stehen unsere Füße in den Toren Jerusalems!* (Psalm 122,3) So bricht es aus den Menschen heraus. Gottes Volk ist heimgekehrt. Stadt des Friedens. Schalom. Stadt des Höchsten. So wird sie genannt. Jerusalem.

*Und ich sah die heilige Stadt, das neue Jerusalem. Ich sah einen neuen Himmel und eine neue Erde; denn der erste Himmel und die erste Erde sind vergangen, und das Meer ist nicht mehr.* Neu soll sich gemacht sein. Und nicht nur Jerusalem. Von einer neuen Welt und einem neuen Himmel ist die Rede. Die alte Welt vergeht. Es wird also so sein, dass die Erde irgendwann ihrem Ende entgegen geht. Dass auch dieser Planet ein Verfallsdatum hat. Die unheimliche Macht des Meeres, todbringende Fluten wird es nicht mehr geben. Die entfesselte Urflut, das todbringende Chaos –wie es auf den ersten Seiten der Bibel beschrieben wird- hat sich gelegt. *Siehe, ich mache alles neu!* Unser Predigttext ist gewissermaßen die Fortsetzung unseres Altarbildes hier vorne im Chorraum der Löwensteiner Kirche. Das letzte Gericht. „Wenn jemand nicht im Buch des Lebens gefunden ist….." (Offenb.20,15)

Das neue Jerusalem, die neue Welt Gottes das Gegenstück zur gottlosen Stadt und einer unmenschlichen Welt. Davon haben Menschen schon immer geträumt und daran gearbeitet.
Bei der großen Auswanderungsbewegung vor 200 Jahren sind viele Menschen Richtung Osten gezogen. Im Heiligen Land wollten sie eine neue Heimstatt finden. Weg vom Krieg, weg von Tränen, von Tod und von Not. Die Wiederkunft Jesu wurde in Jerusalem erwartet. „In deinen Mauern Jerusalem!" Dort wird der Messias, der Heiland und Erlöser durch die Tore einziehen. Jerusalem mit dem Zionsberg, dem Berg der Versöhnung, das war der Ziel der Auswanderer. So wurden von Württembergern landwirtschaftliche Siedlungen wie Haifa und Jaffa gegründet.
Noch früher hatte Johann Valentin Andreae (1586-1654), seiner Zeit Pfarrer in Vaihingen/Enz, die Idee einer „Christianopolis," einer christlichen Stadt. Eine Idealgesellschaft ohne Fürsten, Regenten und Herrscher. „Brüderlichkeit" sollte regieren. Die „Gemeinschaft der Gemüter, der Gebete und Güter" war angesagt. („Gott und die Welt", Calwer S.135, S. 90)
Die neue Stadt. Die neue Welt. Nein, in ihr wird es nicht steril, stumm und menschenleer zugehen. *Und Er – Gott der Herr- wird bei ihnen wohnen, und sie werden sein Volk sein und er selbst, Gott mit ihnen, wird ihr Gott sein.* So schildert es Johannes, der Verfasser der Offenbarung. In dieser Stadt erschüttert Gott die Grundfeste der Menschen. Er bringt den Grundsatz durcheinander, das tot tot sei! In dieser neuen Welt wackeln die Fundamente von Vernunft und Logik. Da werden die Mauern der Trauer und Hoffnungslosigkeit eingerissen.
In dieser Stadt wird an allen Ecken und Straßen gegen den Tod rebelliert: Gott wird die Hülle der Unmenschlichkeit, der Überheblichkeit, der Allmachtssehnsucht, wird die das dunkle Tuch der Gottlosigkeit wegnehmen. Er wird den Schleier der Trauer wegreißen, die Bänder des Todes zerreißen. *Und Gott wird abwischen alle Tränen von ihren Augen, und der Tod wird nicht mehr sein, noch Leid noch Geschrei noch Schmerz wird mehr sein; denn das Erste ist vergangen.*
Das ist die neue Wahrheit und Wirklichkeit: mit Jesus ist der Tod besiegt. Der Tod hat ausgespielt. „besiegt", bedeutungslos geworden. (1. Kor. 15,26) Seine Herrschaft ist beendet, seine Schrecken genommen. Er, der Christus ist der Erste der Auferweckten. Gottes Neuer Mensch. Der erste Bewohner in Gottes neuer Welt.

Endlich ein Leben ohne Behinderungen, keine entstellten Gesichter mehr, keine gebrochenen und lahme Gliedmaßen mehr, keine verkrüppelte Beine und Arme. Aufstehen und laufen können. Ein Leben ohne zerstörte Zellen, ohne wuchernde Geschwüre und quälende Schmerzen. Keine Blechhaufen mit zerfetzten Körpern. Frei von wirren Gedanken und dunklen Depressionen. Befreit von Bedrohungen und Gefahren.

Viele aus unserer Gemeinde und an vielen Orten unserer Landeskirche haben das erfahren müssen, wie die Dunkelheit des Todes das Leben lähmt und Schatten schmerzhafter Erinnerung auftauchen. Doch diesen Vielen und allen sei es gesagt: *Siehe da, die Hütte Gottes bei den Menschen! Und ER wird abwischen alle Tränen von Ihren Augen, und der Tod wird nicht mehr sein, noch Leid noch Geschrei noch Schmerz wird mehr sein.*

In seiner „Hütte" ist Leben, in Seiner Gegenwart lebt und lobt alles Seinen Namen. Nicht die Regierungspaläste und Finanzmetropole, nicht die Gesundheitszentren und Militärbasen schaffen eine neue Welt. Nicht die Lichter einer Stadt schaffen Leben. *Siehe da, die Hütte Gottes bei den Menschen!*

Leben ist in Gottes Hütte. Dort brennen leise die Lichter der neuen Welt.

AMEN

beim LöGo (**Lö**wensteiner **Go**ttesdienst), dem „zweiten Programm“

*„Lass dich nicht vom Bösen überwinden, sondern überwinde das Böse mit dem Guten.“*

„Die guten ins Töpfchen, die Schlechten ins Kröpfchen,“ ja, wenn es nur so einfach wäre wie weiland bei Aschenputtel. Die Friedenstauben haben das Schlechte einfach gegessen. Aber das ist sicher nicht gut, wenn man das Böse in sich hineinfrisst.
Es heißt ja: überwinde das Böse. Es heißt nicht: ignoriere oder toleriere das Böse, sondern eliminiere das Böse. Überwinde. Hat das Gute überhaupt eine Chance? Ist es nicht oft umgekehrt, dass nämlich das Gute bekämpft und beseitigt wird? Wie das aussehen kann, wird in einem Lied beschrieben: *Es regiert der Herr des Hasses. Hässlich, ich bin so hässlich, so grässlich hässlich: Ich bin der Hass! Hassen, ganz hässlich hassen, ich kann's nicht lassen: Ich bin der Hass! Tötet Codo! Vernichtet die Liebe! („Codo“ von DÖF) Deutsch-Österreichisches Feingefühl* (Abkürzung für "Cosmischer Dolm", Dolm österreichisch für Idiot/Depp)
In der Bibel gibt es ein paar böse Beispiele für das Böse. Oder – je nach dem, ein paar gute Gelegenheiten für das Gute. Drei Pflöcke sehen wir an und verbinden sie miteinander um so ein Bild vom Bösen zu bekommen, das zu überwinden es gilt.
- Auf den ersten Seiten der Bibel wird von einer bösen Attacke auf einen Mitmenschen berichtet. Wut, Zorn, Enttäuschung sind dem einen ins Gesicht geschrieben. Die Fäuste geballt, den Blick gesenkt. “Lass uns aufs Feld gehen“, sagt der eine zum andern „Und es begab sich, als sie auf dem Felde waren, erhob sich Kain wider seinen Bruder Abel und schlug ihn tot.“ Der erste Mord aus niedrigen Beweggründen. Und es gibt keine Erklärung für die tödliche Attacke des Kain. Kurz vor der Bluttat wird er noch gewarnt: Pass auf – das Böse schlummert in dir, die Sünde steht vor der Tür. (1. Mose 4)
- Ein paar Seiten und viele Jahrzehnte später wird der Mensch folgendermaßen charakterisiert: *„Das Dichten und Trachten des menschlichen Herzens ist böse von Jugend auf“. (1.Mose 8,21b)* Ist das nicht ein sehr hartes Urteil, dass der Mensch „von Grund auf böse und verdorben ist?“ Er wurde nicht böse gemacht durch schlechte Verhältnisse und miserable Umstände, sondern er ist so in seiner Veranlagung, radikal - von der Wurzel her-. Da ist kein „guter Kern,“ der in ihm schlummert, sondern ein zerstörerisches, ein aggressives Verhalten.

Bösartige Aggression, Todestrieb und Zerstörung kann jederzeit durchbrechen. *„Das Dichten und Trachten des menschlichen Herzens ist böse von Jugend auf".* Das hört sich überhaupt nicht gut an.

- Beim dritten Pflock ist es so, dass ein frommer Mensch und engagierter Christ in seiner Seele blicken lässt und von sich sagt: *Ich weiß wohl, dass in mir nichts Gutes wohnt. Deshalb werde ich niemals das Gute tun können, so sehr ich mich auch darum bemühe. 21 Ich mache immer wieder dieselbe Erfahrung: Das Gute will ich tun, aber ich tue das Böse.* (Römer 7, 18ff)

So sieht´s also aus. Der Mensch unheilbar böse. Natürlich ist nicht jeder ein Betrüger, ein Amokläufer, ein Kinderschänder, ein Zocker oder Mörder.

Wer, warum und wann ist ein Mensch böse? Neurologen, Soziologen und Psychologen versuchen, dem Bösen auf die Spur zu kommen. Da werden Gehirnströme gemessen, chemische Reaktionen im Kopf verfolgt, um zu erklären, warum Menschen ausrasten; warum sie wahllos Mitschüler und Passanten erschießen.

Da wird die Kindheit, die Erziehung, das Umfeld und die Herkunft untersucht, um herauszufinden, warum Frauen ihre Männer vergiften und weshalb kriminelle Karrieren beginnen. nIn jedem Menschen –auch dem bestens ausgebildeten, dem hervorragend erzogenen und sozialisierten- steckt das Grundmuster des Bösen.

Bei jedem Menschen kann das Tier durchbrechen. Und zwar nicht das lammfromme Schaf, sondern das reißende Raubtier. Ist der Mensch also nicht zum Guten geboren? Sicher doch. Denn so wird er und seine Umwelt ganz am Anfang beschrieben: *„.....und alles, was Gott gemacht hatte, siehe, es war sehr gut..."* (1.Mose 1,31)

Die Kalamitäten und Schwierigkeiten haben erst begonnen, als der Mensch es besser wissen wollte. Der Rebell Gottes, das Wesen, das sich gegen seinen Schöpfer auflehnt, ihn ignoriert und links liegen lässt. „Das Böse überwinden" heißt also, zum Anfang der Schöpfung umkehren. Zum Vater zurückkommen.

Schon immer gab es Menschen, die sich gegen das Böse und die Ungerechtigkeit zur Wehr gesetzt haben. Menschen, die Gewalt mit Gewaltlosigkeit überwunden haben.

*„Ich habe einen Traum. Ich habe den Traum, dass eines Tages die Menschen als Brüder zusammenleben....ich habe den Traum, dass eines Tages die Herrlichkeit des Herrn offenbar wird....dass aus dem Berg der Verzweiflung ein Stein der Hoffnung wird....ich habe den Traum, dass alle sich die Hände reichen und singen: Dank dem allmächtigen Gott!"*

So stellte Martin Luther King im August ´63 seinen Wunsch nach Gerechtigkeit und Frieden, seinen Glauben an die Zukunft vor. *Dank dem allmächtigen Gott!*

Denkt nicht nur an menschlichen Erfindergeist, an die Demokratiebewegungen und Freiheitsbestrebungen. Denkt an und dankt dem allmächtigen Gott. Schaut nach oben und nicht immer auf den Boden. Wir hören nochmal die Frage an Kain:

*Und warum senkst du so finster deinen Blick? Nicht wahr. Es ist doch so: Wenn du recht tust, so kannst du auch frei den Blick erheben."*

Hier wäre der Punkt zur Umkehr. Kain ist ja nicht seelisch kaputt oder wirtschaftlich ruiniert. Doch Neid, Eifersucht und Enttäuschung frisst sich in seine Seele. Er hat keine Abwehrkräfte. Er will diese Gefühle seinem Gott nicht sagen. Bestimmt wäre vieles anders gekommen. Wenn wir uns vor Gott aussprechen, vor Ihm unsere Zweifel, Wünsche und Sehnsüchte zugeben; all die Enttäuschungen und Aggressionen, die sich angestaut haben, Ihm anvertrauen, werden sich viele Dinge ändern. Der Blick zum Boden. Ein eingeschränktes Blickfeld. Dieser Mensch nimmt nur noch wahr, sieht nur noch das, was in seinem Radius um ihn herum passiert.

Das Böse überwinden, das heißt vermutlich erstmal sich selber überwinden. Überwinden bedeutet sicher auch: Sich selber aus dem Blickfeld nehmen, zum andern Menschen neben mir und zum Herrn über mir sehen. Dann sehe ich die Menschen die mir hautnah sind. Mit denen ich leben, mit denen ich zurechtkommen muss. Das macht uns ja oft zu schaffen. Da fragen wir uns, warum Menschen so miteinander umgehen. Warum sie so aggressiv sind, großmäulig und oft engstirnig. Warum sie herzlos und hoffnungslos sind, tonangebend und verschwiegen, ausgeglichen und streitsüchtig. Wenn die Liebe ins Leere läuft? Geduld, die missbraucht wird. Toleranz, die strapaziert wird. Verständnis, das nicht verstanden wird. Wir können das Unrecht und das Böse, den Streit und die Unmöglichkeiten nicht einfach „aus der Welt lieben."

Aber man kann sich so eine Richtung vorgeben und Ziele stecken. Kann ich meine Seele, mein Herz und mein Handeln „programmieren?" Sehe ich im anderen einen Konkurrenten, der mich ständig ausstechen will? Oder muss ich immer alles besser machen und besser wissen? Nur wenn man seine Grenzen kennt, lebt sich's ruhiger. Schimpfe ich schon morgens über die Welt oder freue ich mich, wenn ich in den Spiegel sehe? Habe ich Angst vor der Begegnung mit anderen oder freue ich mich auf ein Gespräch mit ihnen? Vielleicht mit einem, mit dem ich schon lange nicht mehr gesprochen habe, den ich schon immer mal ansprechen oder besuchen wollte.

Welche Ziele habe ich mit anderen und somit auch mit mir selber? Ich kann meine Mitmenschen, links liegen lassen, sie ignorieren, ihrem Schicksal überlassen. Ich kann gelangweilt sagen: *Was soll ich meines Bruders, meiner Schwester Hüter sein?* Ich darf mir aber auch die Frage gefallen lassen: *Wo ist dein Bruder, wo ist deine Schwester?* Wo ist der Mensch, den ich genauso liebe, wie mich? Wer diese Frage mit sich trägt, der kann sich und den anderen aus seiner Fremdheit und Feindschaft befreien.

AMEN

Mit einem Unwetter vor ca. 500.000 Jahren begann mehr oder weniger zufällig die Lichtzeit der Menschheit. Eines Morgens bricht eine Gruppe von Jäger auf und sie sehen auf ihrer Tour Ungewöhnliches: Feuer. Zuerst halten sie es für ein Tier. Ein ungefährliches Tier, denn man kann es ohne Angst an der Spitze seines Speeres halten. Wenn man ihm allerdings zu nahe kommt, beißt es. Es hat einen seltsamen Geruch, der an den Händen haften bleibt, wenn man es berührt. Dabei war es nur ein Blitzschlag, der einen Baum in Brand setzte.

Erst nach und nach erkannte der erste Mensch alle Vorteile des Feuers. Das Feuer spendet Wärme und hält wilde Tiere fern. Die Fleischzubereitung entdeckt man erst viel später. Gebratenes Fleisch ist leichter zu kauen als rohes und verursacht weniger Magenschmerzen. Das allerdings mag Vegetarier nicht interessieren.

Schon früh hat sich der Mensch mit dem Licht und dessen Herkunft beschäftigt. So erzählt die (griech.) Mythologie, dass der Göttersohn Prometheus dem Göttergott Zeus das Feuer gestohlen hat, um es den Menschen auf die Erde bringen. Als Strafe wurde er an einen Felsen gefesselt. Hier fraß ein Adler seine Leber, die immer wieder nachwuchs. Ewig sollte er leiden der Lichtdieb. Darum merke: Stehl dem andern niemals sein Licht. Er möchte selber Licht sein. Höchstens Feuer unter dem Hintern machen – das geht. Licht – einfach nicht wegzudenken. Ohne Licht sind wir lahme Leute. „Mehr Licht!“ Soll Dichter und Denker Goethe (1832) auf seinem Sterbebett gesagt haben. “Mehr Licht!” Dabei ist nicht klar, ob er das Licht der Ewigkeit gemeint hat oder einfach die Lux-Stärke des Tageslichts. Ohne Licht sind wir arme Menschen. Und wie erstaunt müssen die Löwensteiner Bürger gewesen sein, als genau vor 100 Jahren das elektrische Licht angeschlossen wurde. Man musste nicht mehr mit den Hühnern ins Bett gehen und mit denselben aufstehen. Und wer träumt nicht gerne bei einem romantischen Candellight-Dinner oder beim Lagerfeuer von Licht, Wärme, Abenteuer, von Ferne und Nähe? Auch die Revolution hat das Licht entdeckt:

*Brüder zur Sonne zur Freiheit , Brüder zum Lichte empor*
*Brechet das Joch der Tyrannen ,die euch so grausam gequält*
*Brüder ergreift die Gewehre ,auf zur entscheidenden Schlacht.*

Licht ist nicht immer harmlos. Licht kann auch gefährlich sein.

Bei der Vorbereitung bin ich bei Google auf einen Song gestoßen, der heißt: „Mach dein Licht an!“ *Mach dein Licht an und weiter geht's. Leuchte durch die Straßen – lass die Sterne verblassen, wenn du scheinst.*
Der Mensch ein selbstleuchtendes Wesen. Ein Geschöpf, das sich selbst erleuchtet. Nun ja. Das sogar in der Lage ist, Licht zu speichern. So zumindest wird es in einem weiteren Lied vermutet: *„Fang das Licht, halt es fest und schließ es in dein Herz..heb es auf.....“* Die menschliche Seele als Lichtspeicher. Was aber, wenn der Akku leer ist? Wenn das Licht ausgeht, die Seele ausgebrannt ist und das Leben nur auf minimaler Sparflamme läuft?

*„Es werde Licht...“* So steht es auf der ersten Seite der Bibel. Und als Gott Ordnung ins Chaos gebracht hat, wurde dem Menschen die Erde anvertraut: ER soll sie bebauen und bewahren. Erhellen soll er sie und nichts verstellen. Nichts vernebeln, sondern für Wahrheit und Klarheit sorgen. Und um wie viel reicher ist unsere Welt geworden durch all die Weltgestalter, die Leuchten der Gesellschaft: Die Entdecker und Erfinder, die Forscher, Seefahrer, Astrologen, Ethnologen und Geologen, Theologen, Pädagogen und Ökologen. *Mach dein Licht an!* Oder einfach: **Licht sein.**

Nun wird das ganz umgedreht und aus **Licht sein** wird **SEIN Licht.** *„Im Anfang war das Licht.....“* So steht es im Prolog des Johannes-Evangeliums. Und das Licht kam in die Welt. SEIN Licht, das Licht Jesu Christi. Christus, das Licht der Welt. Wo ER ist, das ist es licht und klar. Licht wurde es, als er den Lazarus aus seinem dunklen Grab herausgeholt hat. Als er ihn aus dem Schatten des Todes befreit hat. Er hat klargestellt, wer die Macht über den Tod hat. Er ist das Licht, wenn eine dunkle Sache vor uns liegt. Wenn dunkle Gedanken uns die Sicht nehmen, die Hoffnung verschleiern, den Glauben und das Vertrauen verdunkeln. Wer in den Lichtkreis Jesu tritt, kommt heraus aus dem Dunstkreis der halben Wahrheiten.
Wer sich von IHM leuchten und beleuchten lässt, der braucht nicht mehr in einem diffusen Dämmerlicht seinen Weg suchen. Licht bringt etwas an den Tag. Jesus bringt Licht in unsere Sache. Vor IHM brauchen wir nichts verstecken. Da gibt es keine Dunkelkammern. Er deckt auf, was sich verstecken, was tarnen und täuschen will.
In dem Licht dieser Begegnung geschieht Heil, das ist Vergebung. In seinem Licht sind die Lichter der Welt trübe Tranfunzeln, die mehr verdunkeln als erhellen.

Karbidlampen, die bald den Geist aufgeben. Die Beleuchtungsversuche der Menschen sind wie jene sterbende Sterne, die zwar vordergründig noch glühen und scheinen, schon längst aber dunkel und ausgebrannt sind.

Vor ca. 100 Jahren hat ein Mensch (Nietzsche 1844-1900) den Tod Gottes erklärt. Er schreibt dann („Fröhliche Wissenschaft") von einen „tollen Menschen." „Toll" nicht im Sinne von cool und gut. Eher irr und wirr. So läuft dieser „tolle" Mensch am hellen Vormittag über den Marktplatz. Er hat eine Laterne in der Hand und ruft: Ich suche Gott!

Die Zuschauer lachen ihn aus und fragen spöttisch: „Hat er sich versteckt oder ist er ausgewandert?" Doch der tolle Mensch fragt weiter: „Wo ist Gott? Ich will es euch sagen: Wir haben ihn getötet. Ihr und ich". Und erschrocken kommt die Erkenntnis: „Wohin bewegen wir uns? .....Stürzen wir nicht fortwährend? ....Irren wir nicht durch ein unendliches Nichts? Haucht uns nicht der leere Raum an? Ist es nicht kälter geworden? ..immer Nacht und mehr Nacht?"

(Fr. Nietzsche, zitiert in „Funkkolleg Religion", SBB 2, S. 28, DIFF, Beltz, Weinheim+Basel)

Eine Welt ohne Gott verläuft sich in der Dunkelheit, auch wenn sie taghell erleuchtet ist. Wir merken: **SEIN Licht** ist eben mehr als nur **Licht sein.**

Licht hat nicht nur die Aufgabe, dass man selber etwas sieht und nicht über Hindernisse stolpert. Licht hat auch die Aufgabe, dass man selber gesehen wird und so nicht zum Hindernis wird, sondern Orientierungspunkt und Wegzeichen ist.

Darum geht es nun weiter: **Licht sein – SEIN Licht** und **SEIN Licht sein.**

Paulus gibt den Christen etwas Nachhilfe in der Lichtlehre und schreibt den erhellenden Satz: *Früher habt auch ihr in Dunkelheit gelebt; aber heute ist das anders: Durch den Herrn seid ihr im Licht. Darum lebt nun auch wie Kinder des Lichts!* (Eph.5)

Die Finsternis der Nacht muss dem Licht weichen. Es ist Tag. Die dunklen Schatten auf der Seele lösen sich auf. Der Glaube kann neu werden. Ein neuer Tag, eine neue Begegnung mit Christus Jesus steht bevor. Ein neuer Tag, eine neue Chance, *Sein* Licht in die Welt zu geben. *Sein* Licht in die Häuser der Menschen, die zweifeln, die trauern und leiden. Ein kleines Licht der Gerechtigkeit und Wahrheit in unsere kleine Welt tragen. Wir können bestimmt nicht die ganze Welt erhellen und erleuchten. Wir können uns aber darum sorgen, dass es nicht dunkel bleibt bei denen, die neben uns im Dunkel und Schatten leben.

„Es ist besser, ein Licht anzuzünden, als über die Dunkelheit zu schimpfen," diesen Satz habe ich irgendwo gelesen. Es gibt ja solche Tage, wo man wie verschlafen durchs Leben geht. Irgendwie wird man nicht richtig klar und wach. Vieles läuft unbewusst neben einem her. Alles scheint gedämpft und verschleiert.
Und wie erleichtert ist man, wenn der Durchblick wieder kommt, wenn ein klarer Kopf die Dinge wieder bewusst wahrnimmt. Macht euch klar! So will uns dieses Wort zurufen und aufwecken. Macht euch klar für Christus! Macht euch klar, dass Er euren Weg begleiten und erhellen will. Das lasst euch klar gesagt sein: Wo ER ist, das wird es immer wieder licht und hell. Wenn wir in Seinem Licht stehen, dürfen wir sein Licht weitergeben. Und dann dürfen wir, wenn auch kein leuchtendes, aber ein von Ihm angestecktes Beispiel sein. Wer sich von IHM das Licht des Lebens holt, der hat kein Stroh im Haus, der hat Licht im Herzen.

AMEN

Liebe Konfirmanden, liebe Gemeinde!
Auf dem Programm steht nun „Predigt.“ Und die Uhr hier unten gibt das Thema an und sie gibt die Zeit vor. Das bedeutet aber nicht, dass jetzt alle Stoppuhren angehen sollen und die Predigtzeit gemessen wird. Sie können gerne ab und zu einen verstohlenen Blick auf Ihre Uhr werfen, ob es denn zum Mittagessen reicht. Es wird reichen. Ich werde rechtzeitig fertig sein. Ich gebe mir Mühe, zeitgemäß zu reden. Und ich werde die Zeitspanne von 10-13 Minuten nicht überschreiten.
Mit der Zeit ist das ja so eine Sache. Menschen verbringen und erleben die Zeit sehr unterschiedlich. Der eine sagt: Schon wieder Freitag und die Woche ist gelaufen. Der andere sagt am Montagmorgen: Diese Woche will auch wieder gar nicht vorbeigehen. Dieselbe Zeit kann einem kurz oder lang vorkommen. Es ist kurzweilig oder langweilig. Jede Sache hat und braucht seine Zeit. Wir können nicht alles auf einmal und gleichzeitig tun.

*Der Predigttext:*
*1 Ein jegliches hat seine Zeit, und alles Vorhaben unter dem Himmel hat seine Stunde: 2 geboren werden hat seine Zeit, sterben hat seine Zeit; pflanzen hat seine Zeit, ausreißen, hat seine Zeit; 3 töten hat seine Zeit, heilen hat seine Zeit; abbrechen hat seine Zeit, bauen hat seine Zeit; 4 weinen hat seine Zeit, lachen hat seine Zeit; klagen hat seine Zeit, tanzen hat seine Zeit:..... 6 suchen hat seine Zeit, verlieren hat seine Zeit; behalten hat seine Zeit, wegwerfen hat seine Zeit; schweigen hat seine Zeit, reden hat seine Zeit; 8 lieben hat seine Zeit, hassen hat seine Zeit; Streit hat seine Zeit, Friede hat seine Zeit. 11 Gott hat alles gut gemacht zu seiner Zeit.*

Der Wechsel der Zeiten zeichnet das Leben. Da kann es sein, dass man zur rechten Zeit auf jemanden wartet. Doch leider am falschen Platz. Oder man ist am richtigen Ort, aber leider zur falschen Zeit. Oder die Klassenarbeiten, die leider zur falschen Zeit geschrieben werden. Ärgerlich ist das, vertane und verlorene Zeit. Man sollte die Zeit auch nicht einfach an sich vorbeirauschen lassen.

So wie es in der folgenden Geschichte passiert ist:
Eine Familie trifft sich abends immer zum Fernsehen. Immerhin zusammen und nicht getrennt. Den ganzen Tag über ist jeder mit sich selber beschäftigt. Man weiß nicht viel voneinander und redet nur das Nötigste. Doch abends trifft man sich zum fernsehen. Jeder schaut gespannt auf den Bildschirm. So geht es jeden Abend. Eines Tages gibt der Apparat den Geist auf. Nichts geht mehr. Alle sind ratlos. Da schaut der Vater zufällig zu seinem Jungen auf den Sessel rüber und sagt: Mensch, Junge, bist du groß geworden!
Verpasste Zeit, verpasste Chancen. Nur wenn ich die Zeit nütze, kann ich sagen: Das ist meine Zeit. Meine Chance. Meine Zukunft.
Bestimmt haben sie sich in der Zwischenzeit mit der Uhr hier vorne beschäftigt und die Buchstaben entziffert: carpe diem! Nutze die Zeit! „Pflücke," genieße die Zeit und hechle ihr nicht hinterher. Das bedeutet nicht: Nutze jede Gelegenheit und lass kein Erlebnis aus. Nutze die Zeit. Finde deine Zeit. Deine Chance. Deine Zukunft. Auch nach der Konfirmandenzeit.

Klar, ihr habt noch viel Zeit vor euch. Als ich in eurem Alter war, habe ich mein Leben auch mehr oder weniger in den Tag hineingelebt. Ich hatte nach meiner Konfirmation eine Lehrstelle und somit waren die nächsten 3 ½ Jahre Zeit sicher. Die Zeit in der Familie war mir wichtig. Die gemeinsame Zeit mit Freunden. Und die Zeit in einer kirchlichen Jugendgruppe, die Zeit als Mitarbeiter in der Kinderkirche. Dass ich aber eines Tages auf einer Kanzel stehen werde, das war damals unvorstellbar. Ja, manchmal kommt es anders. Gott kann Wege und Gott kann Zeitläufe ändern. Nein, nicht alles kann man planen und nicht alles wird man erreichen.
Ihr sollt frei sein, für das, was kommen wird. Und ihr sollt in Eurem Leben merken, was ein Mensch vor langer Zeit gesagt hat: Meine Zeit steht in deinen Händen, mein Gott.

In der Bibel werden viele Zeit-Geschichten berichtet. Menschen, die ihre Chance, die ihre Zeit, ihre Zukunft erkannt und ergriffen haben. Im Zeitraffer will ich euch und ihnen drei biblische Zeit-Zeugen vorstellen. Beim ersten Zeit-Zeugen müssen wir die Zeit etwas zurückdrehen. So ca. 3500 Jahre: Ein Mann steht vor seinem Zelt und schaut in den nächtlichen Himmel. Die Sterne soll er zählen. (1. Mose 15,5) Ziemlich unwahrscheinlich, dass er auch nur ungefähr richtig schätzt.

Da gibt es andere Dinge, mit denen man die Zeit totschlagen kann. Doch die Sterne interessieren Abraham nicht. Es ist der Ruf Gottes, der ihn aus seiner Zeit und seinem Zelt gerissen hat. Er hat seine gewohnten Wege und seine geregelten Zeiten verlassen, weil Gott ihm neue Wege und neue Zeiten gezeigt hat. Leicht ist es ihm bestimmt nicht gefallen, als ihm dieser Ortswechsel und Umzug nahegelegt wurde. Da musste er einiges zurücklassen und aufgeben. Er wusste nicht, wohin es geht, hatte keinen Reiseführer, keine Landkarte durchs Leben. Dafür eine fröhliche Aufbruchsstimmung. So ist das mit dieser Einladung Gottes: dass wir neu aufbrechen und auf den Weg mit IHM machen. Dass unsere Herzen aufbrechen zu dem, was Gott uns zeigen will. Dass wir uns aufmachen zu dem, was in uns vielleicht verloren gegangen ist oder verschüttet wurde. Dass wir neu aufbrechen zu dem Menschen, der uns fremd geworden ist. Dass wir zueinander aufbrechen und so neu zueinander finden. Neu oder wieder zu unserem Schöpfer und Heiland kommen.
Heraustreten aus dem, was ich mir zusammengezimmert habe an Ideen, Gedanken und Weltbildern. Nicht am Alten hängen, sondern Gott Neues zutrauen. Abraham ein „typischer Fall von Glauben“ . Ein Urbild und Vorbild: Gott immer wieder neu entdecken und immer wieder darauf angewiesen sein, wie Gott es macht. Mit dem blinden Vertrauen, dass ER immer einen Schritt weiter ist als wir.

Der zweite Zeit-Zeuge ist uns zeitlich näher. Diese Zeit-Geschichte handelt von einem kleinen Handwerksbetrieb, einem kleinen Laden, einer Landwirtschaft oder einfach von einer ganz normalen Familie. Der jüngere Sohn sagt: Ich will raus hier! Auf diesem Kuhdorf kommt man ja nicht auf seine Kosten. Diese Enge der Familie halte ich nicht aus! Ich will mich frei machen. Weg von hier. Mein eigenes Leben leben. Ich will meine Zeit selber bestimmen. Es ist die Geschichte vom verlorenen Sohn. Vom davongelaufenen Kind.
Das Kind geht und haut auf den Butz. Es schmeißt mit Geld um sich. Zweifelhafte Freunde sind mit ihm unterwegs. Es nimmt alles mit. Es nützt die Zeit nicht. Es missbraucht die Zeit. Lässt die Sau raus - und landet im Schweinestall. Sackgasse, Stagnation, Stillstand. Sein Leben ist eine stillgelegte Strecke. Eine abgehängte, eine sterbende Station. Als die Freunde weg sind und ihm die Zeit wie Sand in den Fingern zerrinnt, bekommt es Heimweh. Was soll es machen? Es hat die Zeichen der Zeit gemerkt.

Jeder Mensch hat so eine „innere Uhr“ in sich, die ihm die Zeit gibt zum Schlafen und Aufstehen, zum Arbeiten und Ausruhen. Ich denke, jeder Mensch hat auch so ein „inneres Ohr“ in sich, mit dem er den Ruf, die Einladung Gottes hört. Sie steht schon auf den ersten Seiten der Bibel: Mensch – wo bist du? Dieser Mensch macht sich auf den Weg zu dem, der schon zeitlebens sein Gott und Vater ist. Er hat es ganz persönlich für sich genommen, was ihr, die Konfirmanden am Anfang
gesprochen habt: *Herr, wohin soll ich gehen? Du hast Worte des ewigen Lebens!*

Der dritte und letzte Zeit-Zeuge lebte auf einer kleinen Insel im Mittelmeer. Dorthin wurde er zwangsweise ausgebürgert, weil er mit seinem Glauben an Jesus Christus aufgefallen ist. Man wollte die Christen zum Schweigen bringen. Auf dieser Insel schreibt der Verbannte das letzte Buch der Bibel: Die Offenbarung, auch Apokalypse genannt. Viele Bücher, Spiele und Filme gibt es zu diesem Thema. Es handelt von der End-Zeit, wenn die Eis-Zeit zwischen den Menschen angebrochen ist (die Zeiger stehen fünf vor Zwölf). Wenn die Welt im Chaos versinkt, wenn Not und Naturkatastrophen das Leben lahm legen und die Zeit stehen bleibt. Mitten im Schlamassel und Durcheinander, mitten in der Ziel ,- u. Zeitlosigkeit, singt dieser Mensch das Lied der „neuen Zeit:“ *„Wunderbar sind deine Werke, o Gott, die du hervorgebracht. Gerecht und wahrhaftig sind deine Weg, du Gott der Völker“*
Er weiß es genau: Gott ist der Herr aller Zeiten. Er ist der Herr auch meiner Zeit.
„......und siehe, ich bin bei euch alle Tage, bis ans Ende aller Zeit.“

Ich möchte euch Konfirmanden, das heute Morgen mit auf eure Lebenszeit geben. Wenn Eure Zeit mal stehen bleibt und im Laufe der Zeit Vieles vergessen ist von der Konfirmandenzeit. Dann erinnert euch an diese Zeit heute Morgen, was ihr ganz am Anfang gesagt habt: *Herr, wohin sollen wir gehen? Du hast Worte des ewigen Lebens!*

AMEN

Man sieht es im Programm und an der Dekoration hier vorne: Diese drei Buchstaben: WWW. Aber ich möchte jetzt nichts über Computer und das Netzwerk sagen, denn inzwischen weiß ja jeder, was diese drei W´s bedeuten: **w**arte, **w**arte, **w**arte.
Man kann diese drei Buchstaben am Tag der Konfirmation auch anders erklären: **W**ir **w**ollen **W**are. Oder: **Wir w**ünschen **W**ährung. Beides werdet Ihr heute bekommen: Geschenke und Geldscheine. Aber nicht nur das. Es sind auch gute Wünsche für euch dabei. Wichtig ist ja nicht nur das, was wir einander schenken. Wichtig ist auch, was wir einander *wünschen.* Was Euch Eure Eltern, Eure Paten und Großeltern, was Euch die Verwandten, Bekannten und Nachbarn *wünschen* für Euren Lebensweg.
Darum sollen diese drei W´s *drei Wünsche* für Euch sein am Tag Eurer Konfirmation.
Drei Wünsche. Wir kennen das ja aus vielen Märchen: da kommt die schöne Fee daher und flüstert einem ins Ohr: Du hast drei Wünsche frei. **W**ähle **w**as **W**underbares. Oder so ähnlich.
Dazu eine kleine Geschichte: Mitten auf hoher See kentert ein Boot und geht unter. Die drei Männer können sich retten und landen als Schiffbrüchige auf einer einsamen Insel. So recht und schlecht schlagen sie sich durch, ernähren sich von Früchten und Pflanzen. Doch irgendwann wird es ihnen öde, langweilig und sie träumen von zu Hause. Eines Tages kommt die berühmte Fee daher und sagt zu den Dreien:
Jeder von euch hat einen Wunsch frei. Aber wirklich nur *einen.*
Es ist klar, was sich der erste wünscht: Hier ist es so einsam. Ich will nach Hause zu meiner Familie! Und weg ist er. Auch der zweite wünscht sich, was sich jeder wünschen würde: Hier ist es so einsam. Ich will heim, weg von hier! Und fort ist er.
Nun sitzt der dritte ganz allein auf der Insel mit dem letzten Wunsch und sagt: Es ist so einsam hier. Ich wünsche mir meine Kollegen zurück! Nun waren sie wieder zu dritt auf dieser Insel. Und wenn sie nicht gestorben sind, dann warten sie noch heute.
Ja, man muss sich schon überlegen, was man sich wünscht. Ist es nur die rasche Erfüllung? Sind es nur kurze Ziele und schnelle Erfolge? Da werde ich am Ende genauso einsam sein. Bin ich mit meiner kleinen Insel zufrieden oder bin ich bereit, mich an ein *höheres Ziel* zu wagen?
WWW: **W**as **w**äre **w**enn...? Den ganzen Nachmittag könnte man mit dieser Frage

verbringen. Eine Wunsch-Welt aufbauen. Die Verhältnisse richtig ordnen, Beziehungen verbessern. Vergangenes rückgängig machen und die Weichen für die Zukunft stellen. Eben: **W**ünsche **w**erden **w**ahr. Spaßeshalber habe ich mal im Computer-Netz nach „drei Wünschen" gesucht. 190000 Ergebnisse waren es. Gedichte, Reden, Bücher, Spiele, Theater,....alles dreht sich ums Thema Wünschen. Drei Wünsche sollen für heute Morgen genug sein. Drei Wünsche sollen Euch mit auf Euren Weg gegeben werden. WWW: **W**ahrheit, **W**achsamkeit, **W**egweisung.

*Wahrheit,* wie wichtig, gerade in einer Welt, wo der Ehrliche oft der Dumme ist. Die Erklärung zum achten Gebot haben wir vorher so gehört: „Mit diesem Gebot will Gott uns helfen, dass wir nicht von der Wahrheit abweichen. Gott hat Vertrauen zu uns. Damit sollen wir auch Vertrauen zu anderen haben." Dass wir uns miteinander auf den Weg machen, weil Gott selber mit uns auf dem Weg ist.

Wahrheit – das ist der erste Wunsch. Dabei ist Wahrheit mehr als nur Ehrlichkeit. Viele von denen, die Jesus begegnet sind, waren ehrliche, rechtschaffene Leute. Verlässliche Bürger. Sie waren mit Ernst auf der Suche nach Gott. Doch damit sind sie nur in *ihrem* System geblieben, auf ihrer einsamen Insel. Sie waren in ihrer Wirklichkeit gefangen doch von der Wahrheit weit entfernt.

„Ihr werdet die Wahrheit erkennen und die Wahrheit wird auch frei machen," so lädt Jesus uns zu sich ein auf den Weg zu einem höheren Ziel (Joh. 8,32)

Mir fällt der römische Statthalter ein, jener Pontius Pilatus, der mit Jesus kurzen Prozess machen sollte. „Was ist Wahrheit?" fragt er am frühen Morgen des Todestages. Ist es das, was andere sagen und was alle machen? Ist Wahrheit das Ergebnis einer Volksbefragung? Ist Wahrheit das, was ich für richtig, gut und einleuchtend halte? Jesus hat es klargestellt, als er sich von seinen Weggefährten verabschiedet hat: *Ich bin der Weg, die Wahrheit und das Leben. Niemand kommt zum Vater, außer durch mich.* (Joh. 14,6) Komm herunter von deiner Insel. Komm zur Wahrheit!

*Wachsamkeit* – der zweite wichtige Wunsch in einer Welt, wo einem soviel vorgemacht, wo man mit so vielem zugedröhnt wird. Manchmal leben wir ja in so einem Dämmerzustand. Mitten am Tag ziehen Menschen, Stunden und Minuten schemenhaft an uns vorbei, wir nehmen alles nur halb wahr.

Gebremstes Bewusstsein. Und wir fragen nachher: Was war eigentlich? Es gibt Zeiten, da können wir beruhigt die Beine hochlegen. Die Arbeit ist getan. Alles unter Dach und Fach.
Und dann gibt es Situationen, in denen erhöhte Aufmerksamkeit gefordert ist. Schon Sekundenschlaf kann schlimme Folgen haben. Wachsamkeit ist gefragt. Wenn der Lehrer was erklärt oder wenn bei der Klassenarbeit so komische Fragen gestellt werden über Dinge, von denen man angeblich noch nie etwas gehört hat. Aufmerksamkeit ist gefragt, wenn ich einem anderen Menschen zuhöre. Man soll nicht an der Oberfläche bleiben. Sicher, manche Menschen hören das Gras wachsen. Sie sind ständig auf der Suche nach Neuigkeiten. Nur ja nichts versäumen, nur ja nichts entgehen lassen. Wer so ständig auf der Lauer liegt, an dem wird das eigentlich Wichtige wohl vorbeigehen. Seid wachsam! Das ist ein Schlüsselwort Jesu.
Er macht es deutlich in der Geschichte vom nächtlichen Einbrecher. Wenn zwielichtige Gestalten ums Haus schleichen, wäre es dumm, wenn man sich schlafen legen würde. Wenn es einer auf mein Eigentum abgesehen hat, werde ich wachsam sein. Wenn mich einer übers Ohr hauen will, muss ich aufmerksam sein. Mit diesem Gleichnis will Jesus sagen: Verschlaft euer Leben nicht.
Seid bereit, wenn Gott in euer Leben kommt. Setzt eure Zukunft nicht aufs Spiel. Dämmert nicht dröge auf einer verschlafenen Insel dahin. Kommt ins Leben! So wie er es denen damals gesagt hat, die vor lauter Sorgen und Mühen nicht mehr gesehen haben, wir froh und frei das Leben eigentlich sein kann: *Suchet Gottes Reich und Seine Gegenwart.* Dann müsst ihr nicht mehr so verbissen, an all den vergänglichen Dingen hängen. Euer himmlischer Vater weiß, was ihr nötig habt. Wer das glaubt, bei dem hat´ s gedämmert.

*Wegweisung* – das ist der dritte Wunsch. Wichtig, gerade in einer Zeit, in der viele nicht mehr wissen, wo es eigentlich hingeht. In der Bibel finden wir viele solcher Wegweisungen, Wegzeichen und Wegweiser. Der große Auszug der Israeliten aus der Knechtschaft. Kein Atlas, keine Landkarte. Nur der feste Glaube, dass Gott den rechten Weg zeigen wird. Der davongelaufene Sohn. Wir kennen diese Geschichte. Der Heruntergekommene darf heimkehren. Die Erinnerung an seinen Vater hat ihm den Weg nach Hause gezeigt. Komm heraus aus deiner Sackgasse. Komm auf die Straße des Lebens.

Wo geht es hin? Wem folgen wir? Was glauben wir? Wem vertrauen wir? Wem liefern wir uns aus?

*Auf wen sollen wir hören, sag – auf wen?*
*So viele Geräusche, welches ist richtig?*
*So viele Beweise, welcher ist richtig?*
*So viele Reden, nur ein Wort ist wahr. Sein Wort ist wahr.*

*Wohin sollen wir gehen, sag wohin?*
*So viele Termine, welcher ist wichtig?*
*So viele Parolen, welche ist richtig?*
*So viele Straßen, nur ein Weg ist wahr. Sein Weg ist wahr.*

*Wofür sollen wir leben, sag wofür?*
*So viele Gedanken, welcher ist wichtig?*
*So viele Programme, welches ist richtig?*
*So viele Probleme, nur die Liebe zählt. Seine Liebe.*
(nach Lothar Zenetti)

*Herr, wohin sollen wir gehen? Du hast Worte des Ewigen Lebens!*
Wenn ihr eines Tages die Erklärungen zu den Geboten und die Bekenntnisse vergessen habt. Wenn auch das Glaubensbekenntnis nur noch stockend geht und der Denkspruch vergilbt ist. Wenn Ihr dann trotzdem noch *diese* Frage stellt: *Herr, wohin sollen wir gehen?* Welchen Rat, welchen Weg hast du für mich und meine Sache?
Wenn ihr das fragt, dann seid ihr auf dem rechten Weg. *Er hat Worte des Ewigen Lebens!* Wie ein Freund will Er uns in unserem Leben begleiten.

AMEN

Printed by Books on Demand GmbH, Norderstedt / Germany